Katja Garcia

Entfessle dein wahres Ich

Eine Reise für Frauen zu mehr Selbstbewusstsein,
Unabhängigkeit und Leichtigkeit im Leben

Über die Autorin

Katja García (geb. 1975) wirkt als Autorin, Mentorin und Speaker. Sie lebt mit ihren fünf Kindern in der Schweiz. Ihre Leidenschaft ist es, Menschen zu inspirieren. In ihren Büchern und Workshops fordert sie auf, konkret in die Umsetzung zu gehen. Liebevoll, direkt und manchmal provokant. Lass dich inspirieren und bleibe in Kontakt mit Katja. Sie freut sich auf dich!

Katja Garcia

Entfessle
dein wahres Ich

Eine Reise für Frauen zu mehr Selbstbewusstsein,
Unabhängigkeit und Leichtigkeit im Leben

Bibliografische Information der Deutschen Nationalbibliothek: Die Deutsche Nationalbibliothek verzeichnet diese Publikation in der Deutschen Nationalbibliografie; detaillierte bibliografische Daten sind im Internet über dnb.dnb.de abrufbar.

Umschlagdesign und Satz: BoD · Books on Demand GmbH

Verlag: BoD · Books on Demand GmbH, In de Tarpen 42, 22848 Norderstedt
Druck: Libri Plureos GmbH, Friedensallee 273, 22763 Hamburg

ISBN 978-3-7583-3442-9

Dieses Buch widme ich meinen Töchtern
Alicia, Vanessa, Selina und Leonie.

Ihr seid starke, einzigartige und unabhängige Wesen.
Lebt euer Feuer und seid Vorreiter für alle Frauen.

Ihr seid die Rebellinnen der neuen Zeit.

Ich habe es euch vorgelebt, folgt meiner Spur.

In Liebe, Eure Mama

INHALT

Erster Teil

WAS DICH IN DIESEM BUCH ERWARTET

Liebe Leserin,

Du hältst ein Buch der besonderen Art in deinen Händen. Ein Buch, das dein Leben verändern wird. Ein Buch, das dir den Weg eines Menschen aufzeigen – und gleichzeitig deine Seele berühren wird. Es ist eine Lebens- und Seelengeschichte, die tief aus dem Herzen kommt – von Mensch zu Mensch und von Seele zu Seele. Der Inhalt dieses Buches ist ein Weckruf sowie eine Botschaft an alle Frauen auf dieser Welt. Es soll dir ein Wegweiser sein und dir zeigen, wie du als Frau in deine Stärke und Unabhängigkeit kommen kannst.

In den letzten Jahren wurden unzählige Bücher zu diesem Thema geschrieben und jedes davon hat seine eigene einzigartige Botschaft. Mein Buch, welches ich hier für dich geschrieben habe, wird es in dieser Form kein zweites Mal geben. Nirgends. Weil es meine Erfahrungen, meine Geschichte und meine Mission ist. Mein einzigartiger Weg zu meiner Freiheit. Genauso wie es acht Milliarden Menschen auf diesem Planeten gibt und jeder an sich ein eigenes Universum ist, ist auch mein Buch ein eigenes Universum für sich. Jeden Menschen, jede Erfahrung und jede Lebensgeschichte gibt es nur einmal in seiner eigenen Form. Deshalb ist dieses Buch einzigartig und einmalig, denn es ist meine persönliche Geschichte.

Ich bin Mutter von fünf Kindern und arbeite seit Jahren als Coach und Mentorin. Ich lebe mit meinen Kindern zusammen in der Schweiz. Solange ich zurückdenken kann, hat mich mein Leben immerzu herausgefordert, aber auch reich beschenkt. Allein schon als Mutter von fünf Kindern bin ich körperlich wie psychisch an meine Grenzen gekommen. Ich habe viele Situationen erlebt, in denen ich geglaubt habe, dass ich daran zerbrechen werde. Es war nicht immer einfach, doch es gab mir unglaublich viel Wissen und Erfahrung mit auf den Weg. Wissen, welches ich heute und hier mit dir teilen möchte. Mein Wissen und meine Erfahrungen, die ich dank meines Lebens gewonnen habe, sowie meine Tätigkeit als Coach und Mentorin, sind in sich ein Unikat. Es ist mir in den letzten Jahren ein Anliegen geworden, dies mit möglichst vielen Menschen zu teilen. Dies tue ich, damit du und viele andere davon profitieren können. Ich möchte irgendwann von dieser Welt gehen, in dem Wissen, dass ich etwas mit meinem Dasein verändern und bewegen konnte. Im Wissen, dass ich Herzen berührt habe. Im Wissen, dass ich auch für andere etwas Gutes getan habe.

In meinen Büchern fordere ich meine Leserinnen immer wieder dazu auf, sich vorzustellen, dass ich ihnen gegenübersitze und dass wir uns wie zwei Freundinnen auf einen Kaffee treffen. Wir philosophieren über das Leben und inspirieren uns gegenseitig. Ich finde dieses Bild immer sehr passend und es verbindet uns gleich von Anfang an. In diesem Buch soll eine andere Art von Dialog zwischen uns entstehen. Ein Dialog zwischen zwei Seelen, der noch tiefer geht. Damit möchte ich dich tiefer berühren und den Teil in dir erreichen, der deine Wahrheit kennt. Ich möchte dich dazu einladen, dass du dich mit deiner Seele verbindest, während du am Lesen bist.

Unsere Seele ist das Wahre in uns. Sie ist die Quelle der Liebe, der Ehrlichkeit, der Authentizität, der Freiheit und Weisheit. Schließe einen Moment deine Augen, atme in dein Herz, lege deine rechte Hand auf dein Herz und verbinde dich mit der Quelle in dir. Spürst du die Wärme und Ruhe in dir? Dies ist der Zugang zu einer weitaus größeren Weisheit, die all das, was ich dir hier vermittle, versteht und kennt. Denn wenn du all das, was du liest, mit deinem Herzen erfasst und dein Ego (Verstand) während dem Lesen zur Ruhe bringst, wirst du den tieferen Sinn hinter meinen Worten erkennen.

Ich habe die Erfahrung gemacht, dass meine Botschaften immer die Menschen erreicht, die auch für meine Worte bereit sind. Daher sind meine Zeilen nicht für jeden gedacht. Du kannst dich darauf verlassen, wenn dich dieses Buch gefunden hat, ist für dich der Zeitpunkt nun genau der Richtige. Und das alles, was du hier lesen wirst, dich dorthin bewegen wird, wo du hinmöchtest oder vielleicht auch hinsollst. Vertraue einfach darauf. Das Universum ist ein energetisches Feld mit einer immensen Anziehungskraft, die du für dich nutzen kannst. Du kannst darauf vertrauen, dass dieses Feld für dich arbeitet, denn das tut es immer. Du ziehst Menschen, Situationen und Dinge in dein Leben, sie bewegen dich in gewisser Weise in eine Richtung, egal ob es sich für dich gut oder schlecht anfühlt. Deshalb kannst du dich darauf verlassen, dass du dieses Buch zu dir gezogen hast, weil jetzt der richtige Moment für dich gekommen ist.

Schreiben ist für mich zu einem Ventil geworden. Wie ein Künstler, der seine Bilder malt oder ein Sänger, der seine Lieder singt, so schreibe ich meine Bücher. Mein Leben lang hat mich das Schreiben begleitet. Ich habe im Alter von sieben Jahren damit begonnen und unzählige Tagebücher geschrieben. Wenn ich meine Gedanken niederschreiben konnte, fühlte ich mich danach leicht und klar. Das Schreiben ist daher eine Kreativität, die ich seit Kindheitstagen in mir trage. Mein erstes Buch, welches ich veröffentlicht habe, ist «Das Power Frauen Prinzip.» In diesem Buch teile ich den Leserinnen sieben Lebens- prinzipien mit, die vielen Frauen geholfen haben, ein glücklicheres und zufriedeneres Leben für sich zu erschaffen. Aus diesem Buch habe ich einen Workshop entworfen. Sieben Wochen begleite ich die Teilnehmerinnen einmal die Woche persönlich und online durch jedes Lebensprinzip.

Ich weiß von mir, wie es ist, wenn ich Ratgeber lese und motiviert bin es umzusetzen, doch dann feststelle, dass es schwierig ist, dies wirklich in meinen Alltag zu integrieren. Und so entstand die Idee, einen siebenwöchigen Workshop anzubieten, in dem ich meine Leserinnen dabei unterstütze, die Prinzipien aus dem Buch auch in ihren Alltag zu integrieren. Ich möchte nun mit diesem Buch eine andere Seite von mir zum Ausdruck bringen, denn ich möchte eine persönliche Geschichte erzählen. Es ist meine eigene Lebensgeschichte und es sind Erfahrungen, gekoppelt an viele Lebensweisheiten, die ich mit dir teilen möchte. Mein Ziel ist es, dir damit noch mehr Insiderwissen und viele wertvolle Erkenntnisse aus meinem eigenen Leben mitzugeben.

Mein Buch hat nebst der Einleitung drei weitere Teile. Im zweiten Teil nehme ich dich mit in meine Erfahrungen. Ich möchte dir anhand von praktischen Alltagsbeispielen aus meinem eigenen Leben frei heraus erzählen, was mich die letzten Jahre bewegt hat und welche Strategien mir geholfen haben, mein Leben leichter zu gestalten. Ich hoffe, dass ich dich mit meiner Erfahrung inspirieren kann, deinem eigenen Leben eine neue Richtung zu geben. Die vielen Ideen und Gedanken, die ich niedergeschrieben habe, sind bereits heute ein fester Bestandteil meiner Tätigkeit. Somit weiß ich, dass sie funktionieren.

Im dritten Teil des Buches werde ich dir meine Lebensgeschichte erzählen. Das heißt, darin erzähle ich dir meine Biografie und ich berichte aus meiner Vergangenheit. Letztendlich soll meine eigene Geschichte eine Inspiration für dein Leben sein. Mein Ziel mit diesem Buch ist es, nicht mich selbst zu verwirklichen, indem ich dir alles aus meinem Leben erzähle, denn darum geht es hier nicht. Für mich persönlich braucht es Mut und Überwindung, gewisse private und persönliche Dinge mit der Öffentlichkeit zu teilen. Doch ich weiß, dass ich dir nur durch diesen Schritt das Wissen und die Erfahrung vermitteln kann, die dein Leben verändern können. Im gleichen Zug aber möchte ich Menschen, die mir nahestehen schützen. Aus Respekt ihnen gegenüber werde ich keine Dinge schreiben, die sie vielleicht nicht teilen wollen. Daher habe ich nicht auf meine gesamte Lebensgeschichte zurückgegriffen, sondern nur die Geschehnisse, Erfahrungen und Erkenntnisse herausgepickt, die auf meinem Weg zur Unabhängigkeit sowie Freiheit relevant sind und die mich stark gemacht haben. Ich halte es für gut so wie es ist. Es ist keine herkömmliche Biografie. In meinem Buch geht es immer wieder darum, dir aufzuzeigen, wie ich meinen Weg gefunden habe, um frei, stark, einzigartig und unabhängig zu werden.

Im vierten Teil meines Buches spreche ich über meine Lebensmission. Eine Mission ist ein Lebensauftrag, den man hat. Nicht jeder Mensch ist dazu geboren eine Mission zu erfüllen. Dies hat überhaupt nichts Wertendes an sich, es ist einfach etwas, was man hat – oder eben nicht hat. Jeder Mensch hat seine eigene, individuelle Lebensgeschichte, in der jeder für sich sein eigenes Lebensziel im Fokus hat. Wir inkarnieren mit einer einzigartigen Intention in dieses Leben. Wiederholt zeigt uns unser eigenes Leben, was die Seele erfahren will und erfahren muss, um sich weiterentwickeln zu können. In meinen Büchern und Seminaren spreche ich immer von einem roten

Faden! Der rote Faden ist demnach etwas, dass im Leben immer wiederkehrt oder da ist, wie ein Leitmotiv oder eine typische Besonderheit. Auf das Leben bezogen erkläre ich es so. Manche Menschen erleben beispielsweise wiederholt Verluste, Niederlagen oder Veränderungen. Sobald sich die Ereignisse wiederholen und wir immer wieder mit denselben Themen konfrontiert werden, kannst du davon ausgehen, dass genau dies dein roter Faden ist. Man könnte auch sagen, dass Leben spricht in seiner eigenen Form zu dir. Ich persönlich wurde immer wieder mit Lebenssituationen konfrontiert, in denen ich in irgendeiner Form gebunden war und von denen ich mich befreien konnte.

Diese Bindungen, in denen ich mich befand, waren keine einfachen Bindungsformen. Daher weiß ich, was es heißt, sich aus festen Strukturen zu lösen. Ich weiß auch, was schlussendlich Freiheit bedeutet. Mir wurde von verschiedenen hellsichtigen Menschen gesagt, ich sei dazu geboren, meine Unabhängigkeit und Freiheit als Frau zu finden und zu leben, um anschließend andere mit meinem Wissen zu inspirieren. Ich bin ein Licht, dass voraus geht. Mir folgen Frauen, weil ich durch meine Erfahrungen viel Wissen weitergeben kann. Mir wurde gesagt, meine Kraft sei für viele eine große Inspirationsquelle. Nicht zuletzt ist es auch glaubwürdig, weil ich es erlebt habe. Ich habe die Tiefe und die Grausamkeit sowie Verzweiflung des Lebens erfahren. Diese Momente haben mich gezwungen, nach Wegen zu suchen, mit denen ich mich immer wieder selbst aufgebaut habe. Und genau dieses «sich wieder aufbauen» hat mich zu dem gemacht, was ich heute bin. Genau deshalb kann ich dir heute diese Zeilen schreiben. Genau deshalb kann ich für gewisse Frauen dieses Licht in der Dunkelheit sein. Nicht aus einem Egodenken von Besserwissen heraus. Nein, im Gegenteil. Von Herzen. Ein Licht des Herzens, das dich von Herz zu Herz inspirieren möchte, damit dein Leben dadurch einfacher und leichter werden kann.

Meine eigenen Lebenserfahrungen und die Bestätigung von wiederholten Begegnungen mit spirituellen und hellsichtigen Menschen, haben mich bestärkt, diese Mission zu leben. Im vierten Teil, im Zusammenhang mit meiner Mission, werde ich vertiefter ins Thema der Weiblichkeit eingehen. Ich werde dir meine Sicht aufzeigen, welche für mich Weiblichkeit bedeutet und wie ich die Energie einer unabhängigen Frau in die Welt heraustrage. Auch werde ich in diesem Teil meines Buchens über den tieferen Lebenssinn sprechen. Ich möchte dich dabei unterstützen, deinen eigenen Lebenssinn zu finden.

Im letzten Teil meines Buches spreche ich mit dir von Seele zu Seele. Darin werde ich aus der Energie der «Königin der Schwerter» mit dir sprechen und dir zeigen, was es bedeutet, frei und unabhängig zu sein. Was ist die Energie der «Königin der Schwerter»? Vor einigen Jahren ließ ich mir die Tarotkarten legen. Ich weiß nicht, ob du dies jemals gemacht hast. Ich werde es dir kurz erklären, damit du verstehst, wieso ausgerechnet diese Figur eine wichtige Rolle in meinem Leben spielt. Ich bin weder abergläubisch, noch halte ich viel von Tarotkarten. Es geht mir hier rein nur um die Symbolik dieser Karte. In unserem Dialog hier spielt die Königin der Schwerter eine wichtige Rolle. Weil ich ihre Energie nutze, um dir einiges über das Leben aufzuzeigen. Ich möchte dich dazu einladen, dieser Weisheit, die sehr wertvoll für dein Leben sein kann, eine Chance zu geben.

Nun zurück zu der Sitzung, die ich mit der Kartenlegerin hatte. Sie schrieb mir «Die Karte „Der Königin der Schwerter" war die Botschaft, die ich erhielt. Die Bedeutung dieser Karte ist: Unabhängigkeit, Freiheit, ehrliche Kommunikation, Wahrheitssuche, Gradlinigkeit, Drama-Queen, Selbst- gerechtigkeit und Arroganz. «Die Königin der Schwerter» thront auf einem Ballon hoch oben am Himmel – und doch ist sie durch die Schnüre ihres Gefährtes gebunden. Durch ihr Fernrohr blickt sie in die Zukunft, sucht nach Wahrheit und Erkenntnis. Sie trägt ein blaues Kleid, das ihre tiefe geistige Klarheit verdeutlicht. Vögel – Symbole der freien Gedanken und der Transzendenz – bewohnen den Ballon. Einer hat sich auf ihrer Hand niedergelassen, ein Zeichen dafür, dass auch die Königin in ihrem Herzen ein Freigeist ist. Sie bringt Kopf und Intuition in Einklang. Sie ist die kluge und feinsinnige Herrscherin über das Reich in der Tarotkarten-Welt, das dem Element der Luft zugeordnet ist. Sie ist also die Regentin der

Gedanken und Ideen, des intellektuellen Verstehens und der Worte, mit denen wir die Erkenntnisse unseres Kopfes anderen Menschen mitteilen. Sie repräsentiert das Göttliche und die Intelligenz. Ihre Unabhängigkeit ist das wertvollste Gut für sie. Sie ist jemand, der sehr selbstständig ist und ihr Leben selbst in die Hand nimmt. Sie ist eine Person, die selbst Schmerz und Leid erfahren hat und aus ihren vergangenen Erfahrungen seelische Weisheit und innere Stärke gewonnen hat. Sie schweigt nicht, sie spricht die Dinge offen und ehrlich an. Sie bringt alles auf den Punkt, was auf den Punkt gebracht werden muss. Sie ist eine Inspiration und Licht für viele Frauen. Doch die Herausforderung der Unabhängigkeit und des Gefühls, auf sich selbst gestellt zu sein, ist gleichzeitig eine ihrer Lebensaufgaben, die es zu bewältigen und zu verkörpern gilt; selbstbewusst und mit vollem Stolz. Nicht jeder ist dafür geboren.»

Das war das Reading, welches mir die Kartenlegerin damals geschickt hatte. Ich konnte mich gleich mit ihren Worten anfreunden, denn ich spürte seit Jahren diese Energie in mir. Wie ich in meinen vorhergehenden Zeilen erwähnte, so hatte es mir mein Leben wiederholt gezeigt. Der rote Faden wurde von ihr einmal mehr bestätigt. Seither begleitet sie mich auf wertvolle Weise und sie gibt mir die Kraft, an mich zu glauben und dies in die Welt hinauszutragen. Denn es ist genau das, was ich glaube und für was ich stehe.

So entstand in mir der Wunsch, diese Energie mit anderen Frauen, Frauen wie dir, zu teilen. Ich möchte, dass du diese Energie auch in dir entfachen kannst. Dass auch du in deiner Unabhängigkeit, Freiheit und Stärke lebst und einfach die beste Version deiner Selbst bist! Je mehr ich mich mit «Der Königin der Schwerter» befasste, erkannte ich, dass viele andere Frauen in meinem Umfeld diese Energie auch in sich tragen. Manche stärker, andere weniger stark. Da erklärte mir die Kartenlegerin, dass jede Frau diese Energie in sich trägt. Im letzten Kapitel werden wir nochmals intensiver darauf eingehen. Freue dich darauf, es wird spannend. Ich freue mich riesig auf unsere gemeinsame Reise. Lass dich überraschen und in eine andere, vielleicht auch neue Welt, fallen. Lass die Magie zu und vertraue darauf, dass du genau die Informationen für dich finden wirst, die dich und dein Leben inspirieren werden.

Mit meinem Buch will ich dich dazu anregen, auf eine innere Reise zu gehen. Eine Reise, auf der du dich besser kennenlernen – und vielleicht auch neu erfinden kannst. Immer wieder werde ich dir dabei Fragen stellen. Hierzu ist es am besten, wenn du dir ein persönliches Notizbuch oder einen Notizblock zur Hand nimmst, denn so kannst du deinen eigenen Entwicklungs- prozess am besten festhalten. Meine Fragen an dich dienen dazu, dich zum Nachdenken anzuregen und dich in einen aktiven Prozess der Selbstreflexion mitzunehmen, bzw. diesen anzustoßen. Nur wenn du ehrlich zu dir selbst bist, kannst du in deinem Leben etwas verändern und zu neuen Erkenntnissen gelangen, mit denen du dich nachhaltig weiterentwickeln wirst. Es wird herausfordernd und aufwühlend werden, aber mach dir keine Sorgen, ich bin die ganze Zeit bei dir. Wir unternehmen diese Reise gemeinsam, mit allen Höhen und Tiefen. Ich wünsche dir von Herzen, dass du in meinen Worten Mut, Freude, Liebe und Kraft findest. Oder auch einfach das, was für dein Leben genau jetzt wichtig ist. Mögen meine Worte dich bewegen, um am Ende die beste Version deiner Selbst herauszulocken. Sei einfach stark, unabhängig, einzigartig und lebe das, was du echt bist. Die Welt braucht keine weitere Kopie von jemand anderem, sondern sie braucht Menschen, die ihre Originalität leben. Dazu möchte ich dich einladen.

Alles Liebe, Deine
Katja Garcia

Zweiter Teil

STRATEGIEN FÜR EIN LEICHTERES LEBEN

Hier im zweiten Teil meines Buches möchte ich dir möglichst viele praktische Lebenserfahrungen mit auf den Weg geben, denn sie sollen dir viel Wissen und Erkenntnisse für dein Leben sein. Jeder Mensch hat seinen eigenen, individuellen Weg. Die Dinge, die bei mir funktioniert haben, werden vielleicht eine andere Wirkung auf dich haben. Trotzdem glaube ich, dass ich dir in diesem Kapitel ein breites Spektrum an Möglichkeiten mitgeben kann, die dich so oder so inspirieren werden. Ich bin mir sicher, dass für jeden etwas Passendes dabei sein wird, daher lies einfach weiter und lass dich von meinen Worten ermutigen. Irgendwo wird auch für dich dieses «Etwas» verborgen sein.

Wie du aus meiner Einleitung erfahren hast, habe ich fünf Kinder großgezogen und bin immer noch mitten in der Erziehungsarbeit. Ich würde dir gerne auch in diesem Buch möglichst viel Erfahrung in Bezug auf meine Mutterrolle mitgeben und ich bin mir durchaus bewusst, dass es sehr schwierig sein kann, Kinder großzuziehen. Auch ich hatte – und habe noch immer – mit vielen Herausforderungen zu kämpfen, die nicht immer einfach sind. Ich habe einen Erziehungsratgeber geschrieben, den ich in den nächsten Monaten veröffentlichen werde. Ich vermute, dass sich einige von euch wünschen, hier einige Tipps zu erhalten. Doch mir ist es ein Anliegen, dieses Buch für alle Frauen zu schreiben. Ich möchte keine kinderlosen Frauen mit meinen Erziehungstipps langweilen, darum habe ich entschieden, diesen Teil klein zu halten. Ich möchte in unserem Dialog versuchen, die Themen in Bezug auf die Mutterrolle aufzupicken, die für euch alle interessant sein könnten und wovon jeder profitieren kann.

Oft fragen mich Frauen in meinen Coaching-Sitzungen nach einem Patentrezept oder einer Anleitung, wie man eine innige, ehrliche und herzliche Beziehung zu seinen Kindern aufbauen kann.

Trotz Pubertätsphasen, in denen wir nicht immer einer Meinung waren, hatte ich stets ein offenes, ehrliches und respektvolles Verhältnis zu meinen Kindern. Zudem war ich immer offen für neue Wege. Damit spreche ich den ersten Punkt an, der meines Erachtens einer der Wichtigsten in der Beziehung zu meinen Kindern ist.

Ich bin offen für neue Wege und bleibe flexibel.

Manchmal bedeutet das, meine alten Überzeugungen und Werte über Bord zu werfen, um Neues kreieren zu können.

Diese Haltung kannst du auch in deiner Partnerschaft anwenden. Flexibilität ist wichtig. Einfach immer mal wieder eine Inventur bei sich selbst machen, indem man alte, mentale Überzeugungen oder Glaubenssätze über Bord wirft und somit Türen für konstruktive Lösungen bei Problemen und Krisen öffnet. Doch in Bezug auf ihre Kinder verharren Eltern meist in ihren alten Strukturen und können sich nicht für das, was ihnen ihr Kind mitgeben möchte – oder auch könnte – öffnen. Vielleicht denken wir, so und so sollte es sein, doch sind diese Überzeugungen wirklich unsere eigenen Ideen? Oder sind es vielmehr die Grundsätze einer Gesellschaft? Frage dich das immer und immer wieder. Um mir mein eigenes – und das Leben meiner Kinder – zu vereinfachen, habe ich mich von gesellschaftlichen Vorgaben gelöst und lebe so, wie ich es für richtig halte.

Meinen Kindern gegenüber bleibe ich nicht stur und folge nicht nur dem, was ich für richtig halte. Ich habe gelernt, dem zu folgen, was sich für uns alle richtig anfühlt. Ich bleibe offen für neue Wege, indem ich die Sichtweisen und Meinungen meiner Kinder in meine Welt integriere! Auch wenn sie noch Kinder sind, haben sie es verdient, gehört zu werden. Dies kann eine neue Sicht der Dinge sein, für die wir immer offen sein sollten. So wie wir die „richtigen" Situationen und Menschen in unser Leben ziehen, um zu wachsen, so ist es auch mit unseren Kindern. Du hast diese Kinder in deinem Leben, um zu wachsen und um dich selbst weiterzuentwickeln. Daher kann man mit anderen Worten sagen, dass jeder genau die „richtigen" Kinder bekommt!

Ich finde das ist eine spannende Sichtweise. Sie eröffnet Ansichten, die allerdings auch viel Flexibilität im Geiste erfordert. In dem Moment, wo du deine Kinder als Lehrmeister betrachtest, kannst du sie anders annehmen und Situationen, die für dich unangenehm sind, anders handhaben. Oft sind die schwierigsten Kinder die, die uns am meisten über uns selbst lehren. Somit kann man sagen, wenn ein Kind schwierig wird, hat dies indirekt auch mit uns selbst zu tun hat. Im Verhalten deines Kindes erkennst du dein eigenes Ich. Das, was du wahrhaftig bist und die zum Teil unterdrückten Anteile in dir.

Falls du dich gerade fragst, was unterdrückte Anteile sind, kann ich dich beruhigen. Wir werden diese im Laufe unseres Dialoges immer wieder besprechen und dir wird mit der Zeit klar werden, was ich damit meine. Vielleicht lernst du durch deine Kinder, dich besser zu akzeptieren, vielleicht lehren sie dich, dich besser abzugrenzen, vielleicht zeigen sie dir aber auch, was es heißt, dich intensiver zu lieben, vielleicht bringen sie dir bei, dich in Geduld zu üben. Die Liste lässt sich endlos weiterführen.

Kinder sind das perfekte Übungsfeld, um zu wachsen und sich weiterzuentwickeln.

Diese Sicht trägt zu einem guten Verhältnis bei, denn ich nehme dadurch eine andere Haltung ihnen gegenüber ein und bin dankbar um jede Erfahrung, die ich mit ihnen machen darf. Die zweite Frage, die mir oft gestellt wird, lautet:

Wie schaffst du es Kinder, Beruf, Beziehung und deine eigenen Bedürfnisse unter einen Hut zu bringen?

Das ist eine berechtigte und sehr spannende Frage. Als Mutter von fünf Kindern, mit Job, Hobbys, Reisen, Sport und vielen Dingen mehr, bringe ich in der Tat einiges unter einen Hut. Mein Tag hat wie deiner 24 Stunden, da sind keine extra Stunden, die ich von irgendwoher geschenkt bekomme. Daher ist es immer wieder spannend, sich darüber zu unterhalten. Viele Frauen realisieren gar nicht, was für eine wertvolle Arbeit sie jeden Tag leisten. Mutter zu sein ist eine große Verantwortung, die man nicht unterschätzen sollte. Wir ziehen die nächste Generation groß, die Generation, die unsere Zukunft prägen wird. Daher möchte ich dir an dieser Stelle meine Achtung für das, was du jeden Tag leistest, aussprechen. Ich weiß, dass es nicht einfach ist. Ich weiß, wie schwierig es manchmal sein kann, egal wie viele Kinder du großziehst. Egal ob fünf, vier, drei, zwei oder eins. Man hat als Mutter immer mit vielen Heraus- forderungen zu kämpfen. Es ist und bleibt eine anspruchsvolle Aufgabe, die dich bestimmt des Öfteren an deine Grenzen bringt. Auch die Verantwortung, die du jeden Tag trägst, ist mit nichts zu vergleichen. Gerade dann, wenn die Kinder noch klein sind, wirst du rund um die Uhr gebraucht. Aber auch wenn sie größer und selbstständiger werden, werden die Sorgen nicht kleiner. Im Gegenteil. Das Sprichwort „Kleine Kinder, kleine Sorgen, große Kinder, große Sorgen" hat etwas Wahres an sich. Doch es ist nicht so dramatisch, wie es klingen mag. Es gibt immer Wege, die ich mit euch in vielen meiner Bücher oder Blogs teile.

Zurück zur Frage, wie ich alles unter einen Hut bringe. Ganz ehrlich, dies ist auch heute noch eine große Herausforderung in meinem Leben. Es ist nicht immer so einfach zu bewerkstelligen, denn es spielen viele Faktoren eine Rolle. Starten wir mit dem etwas weniger Komplexen. Was mir sehr hilft, ist eine gute Planung. Ich habe eine feste

Agenda. Jedes Kind hat in meinem Kalender eine eigene Farbe. Mit diesen Farben trage ich die Termine in den Kalender ein und plane alles gut durch. Meine eigenen Bedürfnisse, wie beispielsweise Yoga, Meditation oder Freundinnen treffen, sind für mich genauso wichtige Termine, die ich fix einplane. Das ist einfach und ich möchte dich dazu einladen, dasselbe zu tun. Sei einfach gut im Planen. Lasse es nicht zu, dass dich der Alltag oder all die Dinge, die du erledigen musst oder willst, aus dem Konzept bringen, denn vieles steht und fällt mit einer guten Organisation.

Nun möchte ich eine Konversation eröffnen, die in einen Bereich geht, der bereits komplexer ist. Ich hatte in Bezug auf den Spagat zwischen Kind, Beruf und Freizeit bei mir festgestellt, dass ich mir oft selbst im Weg stand. Ich werde in diesem Kapitel und in allen weiteren, viel über mentale Blockaden, Limitierungen und Prägungen schreiben. Doch um bereits etwas vorwegzunehmen, was sehr hilfreich ist:

Mein eigenes Mindset war oft mein Verhängnis.

Mit anderen Worten bedeutet das, es waren nicht meine fünf Kinder und auch nicht meine Selbstständigkeit als Coach, die es mir erschwerten, alles unter einen Hut zu bringen. Des Öfteren war es mein eigenes Denken, das mir meinen Alltag erschwerte. Dazu gehörten zum Beispiel meine eigenen Wertungen. Die waren damals sehr ausgeprägt. Klar, war es viel und ist es auch heute noch, mit allem, was ich jeden Tag leiste. Doch wenn ich zusätzlich anderen gegenüber diesen negativen Gedanken immer wieder verbalisiere und in mir drin einen negativen Eigendialog pflege, wird alles, was ohnehin schon anspruchsvoll ist, noch anstrengender.

24

Meine Schlussfolgerung, die ich dir deshalb heute mitgeben möchte:

Ändere deine Haltung gegenüber den Dingen, die du nicht ändern kannst.

Du bist Mutter, mit anderen Worten, du wirst dein Leben lang Mutter sein. Daran wird sich nichts ändern, ob du darüber nur einmal klagst oder hundertmal. Oftmals unterschätzen wir, wieviel wir in unserem Leben ändern können. Und zwar schon allein durch die Tatsache, dass wir unser Mindset anpassen.

Wie kannst du dein Mindset anpassen?

Oftmals hört man den gut gemeinten Ratschlag «Denke einfach positiv!» Das Problem jedoch mit dem positiven Denken ist, dass dies nur mit einer gezielten Fokussierung und deiner Bemühung funktioniert. Positives Denken ist eine bewusste Haltung, die man zwar einnehmen kann, es löst jedoch nicht all deine Blockaden, Glaubenssätze, Muster und Prägungen, die unterschwellig noch in dir weiterleben. Ich habe irgendwo in einem Podcast eines Arztes gehört, dass Menschen eigentlich nur 5% ihres Bewusstseins nutzen. Wusstest du das? Mit anderen Worten heißt das, alles, was wir denken, bewusst wahrnehmen und steuern, kommt aus diesen 5% heraus. Die restlichen 95% sind alles unsere unterschwelligen Programme, wie Prägungen, Limitierungen und Glaubenssätze, die in uns vergraben sind. Das bedeutet, die meisten Menschen versuchen mit diesen 5% die 95% zu beeinflussen oder zu ändern! Wie soll das funktionieren? Wie willst du gegen 95% antreten? Manche Menschen reden sich den ganzen Tag ein «Ich bin glücklich, ich bin glücklich, ich bin glücklich...», doch plötzlich kommt die ganze Ladung von unten hoch und haut dieses Gefühl permanent um. Ich war jahrelang die «positive Denkerin» und überzeugt davon, dass dies das Allheilmittel ist. Bis ich bei mir feststellen musste, dass mich alles doch immer wieder einholte.

So wurde das positive Denken anstrengend. Auch war ich immerzu sehr frustriert mir gegenüber und ich verurteilte mich dafür, weil ich es nicht schaffte, immer positiv zu denken. Daher versuche ich heute mit meinen Kundinnen ein anderes Mindset zu kreieren. Indem sie lernen zu verstehen, wie das Leben funktioniert und was es braucht, um wahrhaftig glücklich zu sein. Auch gehen wir in die Schattenarbeit. Bis jetzt ist dies für mich die effektivste Art, um die 95% auch wirklich dauerhaft zu ändern. Mehr dazu erfährst du später.

Die Arbeit mit dem Mindset ist eine andere Vorgehensweise und meiner Erfahrung nach, geschieht die Transformation bei den meisten Menschen nachhaltiger. Wir werden im Laufe unseres Dialoges noch viel intensiver darauf eingehen und ich bin mir sicher, dass du am Ende genau wissen wirst, wie du dein Mindset anpassen – oder wenn du willst – auch ändern kannst. Auch wirst du verstehen, wieso positives Denken allein nichts verändern wird. Es ist wichtig positiv zu denken, wenn du den ganzen Tag negativ denkst, denn sonst kann nichts Schönes in deinem Leben entstehen. Daher möchte ich hier nochmals klarstellen, dass ich nicht grundsätzlich gegen positives Denken bin. Ich sage nur, dass dies allein nicht die Lösung ist.

Nun eine andere, ich nenne sie mal eher ungesunde Haltung, die ich in Bezug auf mein Mindset pflegte. Ich opferte mich in alle Richtungen auf. Kennst du das? Du machst alles für deine Kinder, nimmst ihnen so viel wie möglich ab, weil eine Mutter dies nun mal macht. Dies ist ein limitierender Glaubenssatz. Nebenbei arbeitest du vielleicht noch, also wirst du auch dort alles geben, um alle zufrieden zu stellen. Weil du davon ausgehst, dass dies so sein muss. Und wieder ein limitierender Glaubenssatz. Du bist vielleicht in einer Partnerschaft, wo du auch dort viel investierst und gibst. Dann gibt es noch Freunde, Familie und alle Bekannten, bei denen du vielleicht auch noch eingespannt bist. Mit anderen Worten, viele «fremde» Bedürfnisse, die an dich herangetragen werden und für die du dich leider viel zu oft verantwortlich fühlst. Dies sind alles limitierende Glaubenssätze. Möchtest du in deiner Freizeit, die dir vielleicht noch bleibt,

Yoga machen, meditieren oder zum Sport gehen, packst du all die Dinge noch obendrauf. Anschließend ärgerst du dich, weil dein Tag «nur» 24 Stunden hat und du permanent das Gefühl hast «zu wenig Zeit zu haben.»

Ich verstehe dich, ich kann ein Lied davon singen. Mir erging es genauso! Es war sehr viel, was ich in diese Zeit einplanen wollte, und ich war frustriert, wenn ich es nicht hinkriegte. Was habe ich gemacht? Ich musste lernen Nein zu sagen! Im Laufe unseres Dialogs werde ich auf das «Nein-Sagen» und «Grenzen setzen» noch vertiefter eingehen, doch ich möchte dir auch hier bereits etwas mitgeben.

Mein «Rezept» war auch da im Grunde einfach. Ich fing an, mich bewusst von meinem eigenen Anspruch, dass ich alles erledigen muss, zu lösen. Ich wurde mir gegenüber lockerer und gab mir die Erlaubnis, den Druck, den ich mir oft selbst auferlegte, loszulassen. Dieser Druck hatte mit meinem Perfektionismus zu tun. Der eigene Perfektionismus hat einen starken Antreiber, den wir alle in uns haben. Das ist der Teil in dir, der dich antreibt, die Dinge perfekt machen zu wollen, alles unter einen Hut bringen zu wollen und über deine Grenzen hinauszugehen. Ich möchte dich dazu einladen, dies aufzulösen. Dafür brauchst du keine Anleitung, du kannst dich von diesen engen Strukturen lösen, indem du dich einfach entspannst und loslässt. Lass die Vorstellungen dessen los, was du glaubst, wie etwas zu sein hat. Manchmal ist es einfach egal, wenn dein Haus nicht geputzt ist, dein Kind in der Schule mal etwas vergisst, die Wäsche nicht sofort erledigt ist, du mal eine Pizza hinstellst und nicht das perfekt gekochte Menü aus dem Rezeptbuch.

Verstehst du, was ich dir damit sagen möchte? Relativiere die Dinge. Es ist nur dein Mindset, das dir dauernd zuredet, wie du sein musst, um gut genug zu sein. Vielleicht liegt die Ursache in deiner Kindheit. Vielleicht wurdest du darauf getrimmt, dass du als Frau nur gut genug bist, wenn du alles «richtig» machst. Doch mal ehrlich, willst du deswegen dein Leben so verbringen? Denn schlussendlich kannst nur du dich davon heilen. Die Ursache zu erkennen ist oft ein Anspruch, den wir an unser Leben stellen. Ich habe viele Kundinnen, die kommen zu mir und wollen die Ursache ihrer Gedanken, Strukturen, Prägungen und Glaubenssätze finden. Sie unterliegen dem Irrtum, wenn sie diese gefunden haben, haben sie die Antwort für all ihre Probleme. Doch oft endet es damit, dass sie zwar einen Sündenbock finden, es ihnen aber keine nachhaltige Lösung gibt. Mit anderen Worten, manchmal ist es die Mutter, der Vater oder Lehrer, der ihnen dies oder jenes eingetrichtert hat und die sind dann schuld daran, dass sie so sind wie sie sind. Wer mich ein wenig kennt, der weiß, dass ich seit eh und je lehre:

Es gibt keinen Schuldigen, der verantwortlich ist
für das, was du bist. Das kannst nur du sein!

Als Kind wurden auch mir viele Prägungen mitgegeben, die ich nicht wirklich großartig finde. Daraus wurden auch bei mir limitierende Glaubenssätze. Auch ich musste mich davon lösen, weil sie mich in einer Opferhaltung festhielten. Ich habe diese Schlaufe hinter mir, daher weiß ich, wovon ich rede. Ich kann dich nur dazu einladen, den Weg zu gehen.

Nutze deine Vergangenheit für Erkenntnisse,
aber schaue, dass du immer in der Gegenwart bleibst.

Du bist machtvoller als du ahnst und es liegt an dir, dich zu entwickeln. Dies kann niemand anderes für dich tun.

Nun gibt es im Zusammenhang mit dem Aufopfern für andere, einen zweiten Aspekt, den wir nicht außer Acht lassen dürfen. Obschon viele Menschen darüber klagen, wie mühsam es ist immer zu geben und für andere da zu sein, brauchen sie diese Rolle für sich. Ich weiß, dies wird vielleicht einige von euch vor den Kopf stoßen. Ich möchte dich aber bitten, falls auch du zu den Frauen gehörst, die seit Jahren viel von sich geben und bis dahin das Gefühl hatten, «ja, aber ich kann nicht anders, ich muss dies tun, denn es wird von mir erwartet,» trotzdem diese Worte zu lesen. Auch wenn es ernüchternd sein kann.

Ich möchte dich dazu einladen, ehrlich zu dir selbst zu sein, denn nur dadurch wirst du dich wirklich nachhaltig transformieren und dir ein neues, glücklicheres und zufriedeneres Leben schenken.

Ich möchte dich bitten, dich für einen kurzen Augenblick mit der Frage, «Welches sind die Vorteile meiner gebenden Rolle?» zu beschäftigen. Es gibt einen bestimmten Grund, wieso ich diese Frage stelle. Ich stellte bei mir und bei vielen meiner Kundinnen in den letzten Jahren fest, dass hinter dem vielen Geben auch ein Eigennutz versteckt ist. Wenn du, wie auch ich, gebraucht werden möchtest und demzufolge viel gibst, erschaffen wir damit eine Umgebung, in der wir tatsächlich gebraucht werden. Dies hat zur Folge, dass andere automatisch von uns abhängig werden. Als ich dem auf den Grund ging, erkannte ich, dass wir alle zwei Grundängste in uns tragen:

Die Angst vor dem Alleinsein und die Angst vor Ablehnung.

Wir wollen um jeden Preis das Gefühl des Alleinseins vermeiden und wir haben Angst davor, abgelehnt zu werden. Daher erschaffen wir unbewusst Situationen der Abhängigkeit, weil wir uns dadurch absichern wollen. Solange wir gebraucht werden, sind wir nicht allein und werden nicht abgelehnt. Du merkst, die Strukturen der Ängste können sehr heimtückisch sein. Wer sich einfach so treiben lässt und diesen Strukturen nicht auf den Grund geht, wird latent und dauerhaft in seiner Angst leben. Die Ängste haben meist ihre eigene Dynamik, die in etwa so aussehen. Es will sich jemand von dir lösen oder trennen, vielleicht verändert sich auch etwas, und du kommst in irgendeiner Form mit deiner Angst in Berührung. In diesem Moment reagierst du unbewusst mit Unsicherheit. Du weißt nicht, woher diese Gefühle kommen, also klammerst du oder du erschaffst noch mehr Abhängigkeiten, die dann wiederum zur Folge haben, dass deine Angst am Ende zunehmen wird.

Mich ehrlich zu reflektieren und diese Dynamiken zu durchbrechen, war für mich ein sehr wichtiger Schlüssel. Ich werde in unserem Dialog noch einige Male davon schreiben und dich in diesen Prozessen unterstützen. Am Ende dieses Buches wirst du einen Schritt weiter sein und wissen, wie du diese Dinge für dein Leben entschlüsseln kannst.

Vor einigen Monaten, als ich mich mit einer Freundin über die Angst und Ablehnung unterhielt, sagte sie mir «Vergiss nicht, dass viele Menschen ihre Handlungen aus Liebe oder der Suche nach Liebe ausführen.» Das fand ich eine interessante Ansicht, der ich nachgegangen bin. Dabei wurde mir bewusst, dass eine Entschlüsselung auch sein könnte, zu erkennen, dass alles, was wir tun, entweder aus Angst oder aus Liebe geschieht. Ich glaube, dass allein die Absicht, alles in Liebe zu tun, Heilung für dich und andere bedeuten könnte. Ein Leben in Angst ist ein Leben in permanentem Stress. Erkenne, wie ungesund all diese Ängste sind und dass dies nichts mit echter Freiheit zu tun hat. Entscheide dich jeden Tag für die Liebe und kultiviere diese Haltung.

Ich werde dir im Laufe unseres Dialoges immer wieder aufzeigen, wie du diesen Zugang für dich öffnen kannst. Falls du jetzt feststellen solltest, dass du viel zu oft in deiner Angst gelebt hast, bitte ich dich, dich dafür nicht zu verurteilen. Wir alle haben ähnlichen Muster und Dynamiken, nur reden die wenigsten Menschen davon. Dies hat jedoch nichts mit Authentizität zu tun. Leider tragen viele Menschen «Masken», hinter denen sie ihr ehrliches Wesen verstecken. Sie spielen eine Rolle, in der sie beweisen müssen, wie glücklich sie sind und wie großartig sie ihr Leben im Griff haben. Doch glaube mir, wenn jemand diese Dinge zur Show stellen muss, kannst du davon ausgehen, dass mehr Schein als Sein dahinter ist.

Jemand, der echt glücklich ist, muss es nicht permanent mit der ganzen Welt teilen. Derjenige ist einfach das, was er ist.

Grundsätzlich habe ich noch nie einen Menschen kennengelernt, der echt glücklich ist, indem er seine Wahrheit nicht lebt. Da die meisten Menschen nicht ihr wahres Selbst leben, sind sie oft nicht wirklich glücklich. Was sehr schade ist. Oft sind sie Meister im Verdrängen, bis das Leben ihnen eine Ohrfeige verpasst, was ich in meinem Buch hier als den Weckruf beschreibe. Ich möchte dich dazu einladen, deine Masken fallen zu lassen. Glaub mir, es ist sowas von befreiend, einfach sich selbst zu leben.

Viele Menschen kämpfen tagein und tagaus mit vielen Ängsten. Mir erzählen viele Kundinnen von ihren Ängsten und deren Auswirkungen auf ihren Körper. Der Körper kann oft nicht unterscheiden zwischen einer realen oder einer fiktiven Angst. Das bedeutet, wenn ich vor einem möglichen Szenario Angst habe und mir dies im Kopf ausmale, wird mein Körper dieselben chemischen Prozesse in Gang setzen wie bei einem echten Erlebnis. Es kommt zu übermäßiger Hormon- ausschüttung, Schwitzen, Bluthochdruck, gehemmte Verdauung und vieles mehr. Der Körper ist überaus clever. Er macht das nicht ohne Grund. Mit diesen Reaktionen versucht er einfach den Organismus zu schützen. Er erkennt in dem Moment nicht, dass du dir diese Dinge ausdenkst und er geht davon aus, dass du tatsächlich in Gefahr bist. Also stellt er sicher, dass alles Notwendige in Gang gesetzt wird, um zu überleben. Es ist faszinierend, dass der Mensch allein durch seine Gedanken ein Gefühl der Angst auslösen kann und der Körper daraufhin direkt reagiert. Ich gebe dir dazu ein Beispiel aus meinem Leben.

Vor einigen Jahren entdeckte ich an der linken Brust einen Knoten und ging daraufhin zum Arzt. Bereits bei der Untersuchung sagt er zu mir, dass der Knoten für ihn nicht gut aussieht. Das könne Krebs sein, meinte er. Ich fragte ihn, ob es gutartig oder bösartig sei. Diese Frage allein ist sowas von absurd. Wie will ein Arzt durch das Abtasten spüren, ob der Knoten gutartig oder bösartig ist? Doch ich hatte Panik. Angst stellt die Gehirnfunktionen um, sodass du manchmal echt komische Dinge tust oder sagst. Der Arzt sagte, dass der Knoten eher bösartig sei, aufgrund der Beweglichkeit und wie er im Ultraschall aussieht. Ich weiß, die Diagnose klingt aus der Luft gegriffen, doch es gibt tatsächlich Ärzte, die ohne einen definitiven Befund Diagnosen stellen. Ich war bei diesem Arzt und er hat es getan. Er schlug mir vor, in vier Tagen in die Klinik zu kommen, um eine Punktion durchführen zu lassen. Eine Punktion ist in der Medizin das gezielte Setzen einer Nadel in den Knoten, um Gewebeflüssigkeit oder Proben zu entnehmen. Diese werden anschließend in ein Labor geschickt, wo sie auf ihre Substanz untersucht werden. Erst wenn diese Ergebnisse vorliegen, kann man eine sichere Diagnose stellen. Damals war ich noch um einiges jünger und ich konnte in der Situation nicht richtig handeln. Ich hörte das Wort Krebs und hatte sofort Panik. Was ist mit meinen Kindern? Was ist, wenn ich tatsächlich Krebs habe und daran sterbe? Wie würde mein Leben aussehen, wenn ich Krebs hätte? Die Fragen überrollten mich. Ich musste drei Tage warten, bis ich endlich die Punktion machen konnte. Ich glaube, es waren die drei längsten Tage meines Lebens. Die Zeit schien stillzustehen. Ich hatte alle möglichen Angstzustände. Panikattacken, Schlaflosigkeit und Appetitlosigkeit waren alles körperlichen Reaktionen darauf. Ich war in einem Ausnahmezustand, obschon ich nicht definitiv wusste, ob es überhaupt Krebs war. Der Tag X mit der Punktion war gekommen. Ich ging in die Klinik, der Arzt stach mit einer Nadel in den Knoten und zog eine Flüssigkeit heraus. Was glaubst du ist am Ende dabei herausgekommen? Die Wahrscheinlichkeit, dass du dies herausfindest, ist so groß, wie die Tatsache, dass wir morgen gemeinsam im Lotto gewinnen. Ich muss lachen beim Schreiben meiner Worte, weil es so absurd ist. Aber leider es ist wahr. Es waren Milchreste vom Stillen. Das Abstillen lag zwar schon seit über ein Jahr zurück, aber allem Anschein nach hat es eine Verkapselung gegeben. Meine Erleichterung war immens, doch mir wurde mit dieser Erfahrung einmal mehr bewusst, wie machtvoll unsere Gedanken sind. Wir können durch unser Denken Angst erzeugen und dadurch körperliche Reaktionen in uns auslösen.

Ich möchte ein weiteres Beispiel in Bezug auf die Macht der Gedanken schreiben, weil dies nochmals untermauert, was ich hier vermitteln möchte. Ich möchte dir kurz den Vorgang eines Placebos erklären. Weißt du, was ein Placebo ist? Ein Placebo ist etwas, dass in der Medizin einen Vorgang beschreibt, indem der einen Gruppe von Probanden ein Scheinmedikament und in der anderen Gruppe der Probanden das richtige Medikament gegeben wird, um zu schauen, wie sie darauf reagieren. In vielen Studien wurde bereits darüber berichtet, dass den Probanden, denen das Scheinmedikament gegeben wurde, die Ärzte den Beipackzettel mitgaben, damit sie lesen konnten, welche Nebenwirkungen dieses Medikament hat. Die Mehrheit dieser Probanden hatten Nebenwirkungen, obschon sie das eigentliche Medikament gar nicht eingenommen hatten. Als ich dieses Beispiel in meiner Ausbildung zur Naturheilpraktikerin zum ersten Mal hörte, war ich perplex. Es ist faszinierend, dass unser Denken so machtvoll sein kann. Daher sage ich immer wieder:

Deine Gedanken erschaffen deine Realität!

Nun möchte ich in ein neues Thema einsteigen. Ich möchte mit dir über deine Stärken und Schwächen reden.

Lass uns gleich loslegen! Wir steigen mit einer Auswahl an Fragen ein, die du ehrlich für dich beantworten darfst. Dazu bitte ich dich, dein Notizbuch oder ein Blatt Papier zur Hand zu nehmen. Schreibe auf, was dir spontan in den Sinn kommt, und folge deinem ersten Impuls, bevor dein Verstand anfängt zu bewerten und deine Antwort beeinflusst. Meiner Meinung nach lässt sich vieles im Leben herausfinden, wenn wir die richtigen Fragen stellen. Offene Fragen lassen enorm viel Spielraum für Antworten. Was automatisch unser Gehirn zu mehr Kreativität anregt. Daher lass dich immer wieder von meinen Fragen inspirieren, weil sie dazu da sind, dich in einen Prozess der Selbstreflexion zu bringen.

ÜBUNG

ERKUNDEN MEINER STÄRKEN UND SCHWÄCHEN.

» Was sind deine Stärken?
» Was sind deine Schwächen?
» Leidest du unter deinen Stärken? Wenn ja, was löst es in dir aus?
» Leidest du unter deinen Schwächen? Wenn ja, was löst es in dir aus?
» Wie lebst du deine Stärken oder auch Schwächen aus?

Mir persönlich fällt es beispielsweise leicht zu kommunizieren, denn es liegt in meiner Natur. Auch fällt es mir leicht vor einer Menschenmenge zu reden. Dabei fließen die Worte einfach so aus mir heraus und ich verbinde mich in diesen Momenten immer mit meiner universellen Kraft. Dabei erhalte ich viel Hilfe, um das zu transportieren, was es in diesem Moment braucht. Ich habe viel Wissen und dieses Wissen zu vermitteln fällt mir leicht. Im gleichen Zug aber empfinde ich es als eine Schwäche, dass ich manchmal sehr überzeugt von dem sein kann, was ich für richtig halte. Mit dieser Haltung kann ich zwar andere leicht überzeugen – was als positiv gewertet werden kann – doch es kann vorkommen, dass ich vor lauter Enthusiasmus andere überfahre. Daher schreibe ich immer wieder, dass es wichtig ist zu lernen, den Entwicklungsstand eines jeden Menschen anzunehmen. Man muss auch lernen zu akzeptieren, wenn jemand nicht will oder noch nicht so weit ist, gewisse Dinge oder Unterstützung anzunehmen. Damit habe ich manchmal heute noch meine Schwierigkeiten. Nun könnte man dies auseinandernehmen, doch belassen wir es einfach bei dem, was es ist. Ich möchte nämlich in diesem Kontext auf etwas anderes hinaus.

Je älter ich werde und je mehr Erfahrungen ich mache, desto weicher und ruhiger werde ich. Dies hat dazu geführt, dass ich gelernt habe, Menschen so anzunehmen, wie sie sind. Ich halte es für sehr wichtig zu wissen, wo die eigenen Stärken und Schwächen liegen, um sich damit einhergehend auch richtig einschätzen zu können. Viele Menschen über- oder unterschätzen sich. Egal wie du dich einschätzt, wenn es vom einen zu wenig oder zu viel ist, entsteht ein Ungleichgewicht. Das Leben strebt meiner Erfahrung nach immer nach einem Ausgleich, daher wird es auch bei dir keine Ausnahme geben. Bei einem zu viel oder zu wenig wird das Leben immer ausgleichen wollen. Wenn du dich überschätzt, wirst du oft Enttäuschungen erleben. Weil du womöglich Dinge angehst, die über dem stehen, was du wirklich kannst. Wenn du dich unterschätzt, stellst du vermutlich dein Licht unter den Scheffel. Du zeigst nicht, was du kannst, und bist zu bescheiden! Darum halte ich es für wichtig, sich selbst richtig einzuschätzen. Dazu möchte ich noch sagen, dass diese Einschätzung deine Eigene sein soll. Ob deine Mutter, dein Vater, dein Partner oder dein Chef, alle werden dich anders einschätzen. Aber Annahmen von anderen Menschen werden aufgrund ihrer eigenen Filter gemacht, was für dich zwar interessant sein kann, aber nicht immer deiner eigenen Wahrheit entspricht.

Daher möchte ich hier in diesem Dialog auf deine Einschätzung zu deiner Person zurückgreifen und nicht auf die von Anderen. Vertraue deinem Gefühl über dich selbst. Unter anderem halte ich es für wichtig, seine Stärken zu leben. Ich zum Beispiel nutze meine Stärke und setze sie in meinen Workshops oder in meinen Büchern um. Dies zu tun, versetzt mich in ein unglaubliches Gefühl, das mich stärkt.

Dies ist für mich ein Flow State, was übersetzt heißt:

Meine Gefühle, mein Denken, meine Wünsche und mein Handeln sind komplett aufeinander abgestimmt. Flow State ist ein fließender Zustand im Leben, wo man sich mit allem im Reinen fühlt.

Daher möchte ich dich dazu einladen, deine Stärken richtig einzusetzen, denn damit kommst auch du in einen Lebens-Flow. Du spürst das Leben und glühst. Wenn du das tust, was dir liegt, ist es keine Anstrengung. Dein Leben wird einfacher und leichter.

Ich möchte dich hierbei auf unserer gemeinsamen Reise unterstützen. Lass uns gemeinsam herausfinden, wie du deine Stärken einsetzen – und was du aus deinen Schwächen lernen kannst. Ich bin der Meinung, dass eine Schwäche nicht immer als etwas Negatives angesehen werden muss, denn sie gehört einfach zu jedem Einzelnen dazu. Sie macht dich zu dem Menschen, der du bist. Da ist das Dunkle und das Helle. Ohne hell gäbe es kein dunkel. Da ist die Nacht und der Tag. Ohne den Tag gäbe es keine Nacht. Alles hat stets zwei Seiten, daher ist es wichtig, dass du lernst, dich so anzunehmen, wie du bist. Denn deine Stärken, wie auch Schwächen, gehören einfach zu dir dazu.

Unten habe ich dir meine Fragen aufgelistet, die ich in meinen Coaching-Sitzungen nutze und auch in meinem eigenen Leben angewendet habe. Dazu bitte ich dich, dein Notizbuch oder ein Blatt Papier zur Hand zu nehmen. Schreibe auf, was dir spontan in den Sinn kommt, und folge deinem ersten Impuls, bevor dein Verstand anfängt zu bewerten und deine Antworten beeinflusst.

ÜBUNG

DAS AUSLEBEN MEINER STÄRKEN UND SCHWÄCHEN.

» Lebst du deine Stärken irgendwo aus? In einem Beruf oder in einem Hobby?

» Wenn nicht, wo könntest du deine Stärken ausleben?

» Könntest du mit deinen Stärken auch Geld verdienen?

» Was löst es in dir aus, wenn du deine Stärken lebst?

» Wie sähe dein Leben aus, wenn du deine Stärken in dein Leben integrieren würdest?

Lass dir Zeit mit den Fragen, denn sie sind sehr wichtig. Sie können dein Leben neu ordnen und dich in eine Richtung lenken, von der du bis dahin nichts wusstest.

In einem zweiten Schritt möchte ich deinen Schwächen auf den Grund gehen. Auch die Fragen dazu sind wichtig und sollen dich in eine Richtung bewegen. Vor allem die Frage über die Vorteile von Schwächen halte ich für sehr wichtig. Manchmal wissen wir gar nicht, wie viel Leid oder negative Verhaltensmuster wir aufrechterhalten, weil sie uns unbewusst auch Vorteile schenken. In unserem Bewusstsein möchten wir sie alle loswerden, doch unbewusst halten wir manchmal daran fest. Was meine ich damit?

Hast du schon mal vom sekundären Krankheitsgewinn gehört? Damit meint man den Vorteil, den ein Mensch aus seiner Krankheit zieht, wie beispielsweise mehr Aufmerksamkeit oder Betreuung. Aber auch Entbindung seiner Verpflichtungen sowie seiner Verantwortungen können Anzeichen dafür sein. Es gibt Menschen, die erst von einer Krankheit heilen können, wenn sie bereit sind, diese Vorteile bewusst loszulassen. Doch einen solchen Vorteil auch zuzugeben ist herausfordernd und braucht viel Ehrlichkeit. Hier in unserem Dialog möchte ich dich dazu einladen, grundehrlich mit dir selbst zu sein. Stell deinen Verstand, der alles beurteilt, zur Seite und horche einfach auf das, was tiefer darunter liegt. Das ist deine Wahrheit und genau die brauchst du, um auch wirklich in die Veränderung zu kommen. Los geht's!

ÜBUNG

WAS STECKT HINTER DEN SCHWÄCHEN UND WAS LEHREN SIE MICH?

» Hindern dich deine Schwächen daran deine Stärken auszuleben?
» Wie denkst du über deine Schwächen, was lösen sie in dir aus?
» Wie gestaltet sich dein Leben mit diesen Schwächen?
» Wie sähe dein Leben ohne diese Schwächen aus?
» Welche Vorteile ergeben sich in deinem Leben, wenn du diese Schwächen lebst?
» Was brauchst du, um diese Schwächen anzunehmen?
» Wie sähe dein Leben aus, wenn du diese Schwächen annehmen würdest?
» Was kannst du aus deinen Schwächen lernen?
» Was können andere von deinen Schwächen lernen?

Ich hoffe, du konntest mit dieser Übung einiges erkennen und bist nun bereit, deine Stärken in deinen Alltag zu integrieren. Im gleichen Zug bedeutet dies aber auch, deine Schwächen anzunehmen. Vielleicht hat dir die Übung dabei geholfen einzusehen, was deine Schwächen genau sind und dass du diese auch selbst transformieren kannst. Wie kannst du dies tun? Meine Schwäche, die ich einige Zeilen darüber erwähnt habe, konnte ich bereits durch den ersten Schritt transformieren, indem ich sie aus dem Unterbewusstsein ins Bewusstsein holte.

Im zweiten Schritt habe ich gelernt zu reflektieren, was ich aus dieser Schwäche mache. Damit meine ich mein selbst- sabotierender Ablauf, den wir alle in uns haben, wenn wir mit unseren Schwächen konfrontiert werden. Dein und mein Eigendialog, der so aussieht «Ach, jetzt hast du's schon wieder gemacht, wie blöd bist du eigentlich. Was soll das, du wiederholst immer dieselben Fehler. Was brauchst du, damit du dies endlich ändern kannst? Du bist falsch, die anderen sind richtig.» Diese endlose Schleife kennen wir doch alle. Mit meiner Übung möchte ich dir helfen, deine Schwächen ins Bewusstsein zu holen, aber im gleichen Zug eben auch, sie als ein Teil von dir zu akzeptieren, denn auch dieser Teil ist völlig in Ordnung.

Dieser Vorgang fördert automatisch deine Selbstliebe. In einem weiteren Schritt möchte ich dich mit meinen Fragen dazu einladen, dich zu fragen, was du daraus lernst und was andere daraus lernen können. Wenn ich zum Beispiel dazu tendiere, Menschen zu überfahren, wird es entweder so sein, dass ich auf Menschen treffe, die dasselbe mit mir machen und mich lehren, meine Grenzen zu setzen. Oder ich ziehe Menschen in mein Leben, die dazu neigen, sich alles gefallen zu lassen. Diese Menschen werden dann vom Leben aufgefordert ihre Grenzen zu setzen. Spürst du die Dynamik, die ich dir versuche zu erklären?

Ich glaube, dass uns das Leben immer das schickt, was wir brauchen, um zu wachsen und zu lernen. Daher versuche ich immer wieder, Menschen dazu aufzufordern, bei sich selbst zu schauen, wenn sie auf mich zukommen und mir erzählen, dass sie Probleme mit Personen aus ihrem Umfeld haben. Ich versuche ihnen aufzuzeigen, dass genau diese Menschen ihr größtes Geschenk sind. Denn hätten wir diese Menschen nicht, würde uns ein wichtiges Übungsfeld für Selbstliebe, Selbstvertrauen und Selbsterkenntnis fehlen. Dank dieser Menschen lernst du dich abzugrenzen und zu lieben. Außerdem erhältst du so viele wertvolle Erkenntnisse. Wir werden im Laufe unseres Dialoges noch mehrere Male darüber reden.

Nun möchte ich nochmals über den Flow State reden. Die Stärken und Schwächen waren ein Exkurs in ein sehr wichtiges Thema. In meinem Leben habe ich festgestellt, dass mir vor allem das Ausleben der Stärken und das Annehmen der Schwächen einen Flow State ermöglicht. Es wird im Fachjargon viel über «im Flow sein» geredet. Was bedeutet es für dich «im Flow zu sein»? Für mich bedeutet der Flow State, wenn ich meine Fähigkeiten vollkommen ausleben kann. In diesem Moment fühle ich mich absolut komplett.

Ein weiterer Schritt zu einem Flow State, ist für mich im Hier und Jetzt zu leben. Darauf werde ich im Laufe unseres Dialoges immer wieder eingehen. Für mich ist es schon fast eine Kunst, wenn ein Mensch es schafft, die Vergangenheit loszulassen, die Zukunft ruhen zu lassen und sich voll dem gegenwärtigen Moment hingibt. Meiner Erfahrung nach findet das Leben im Hier und Jetzt statt und nur im Hier und Jetzt kannst du Neues erschaffen. Daher ist auch dies ganz einfach:

Lebe im Jetzt! Genau dies versetzt dich in einen Flow State!

In einem weiteren Schritt möchte ich auf etwas ganz Einfaches und doch sehr Wirkungsvolles zurückgreifen. Mir wurde im Laufe meines Lebens bewusst, dass mein Leben dann fließt, wenn ich mich nach der Einfachheit, wie sich etwas entwickelt, orientiere und die Einfachheit sogar als Parameter für die Richtigkeit der Dinge nutze.

Die Quintessenz lautet:

**An der Einfachheit, wie sich etwas entwickelt,
erkennst du immer, ob etwas für dich gedacht ist
oder nicht!**

Um dir das noch besser erklären zu können, habe ich hier drei frei erfundene Beispiele.

ERSTES BEISPIEL

Du bewirbst dich für einen neuen Job. Das Inserat sieht großartig aus und die Firma gefällt dir. Doch bereits beim Vorstellungsgespräch musst du dich für ein höheres Gehalt einsetzen und der Chef ist nicht wirklich jemand, der dir auf Anhieb sympathisch ist. Die Arbeitszeiten sind mühsam und lassen sich nicht ändern. Du musst dich dauernd einsetzen, verteidigen oder positionieren. Es fühlt sich nach einem Kampf – oder schon fast erzwungen – an. Mit anderen Worten, es ist schwierig. Du spürst, dass dir die Firma ansonsten sehr gefallen würde, weil dort ein großartiges Team arbeitet, der Arbeitsweg kurz ist und es viele zusätzliche Pluspunkte gibt, doch die Minuspunkte sind eben auch präsent.

Nun stehst du vor der Entscheidung: Gehst du diese Kompromisse ein oder nicht? Wirst du einen besseren Job finden oder nicht?

Es meldet sich bereits dein Verstand, er pendelt in diesen Momenten hin und her. Dein innerer Dialog könnte so aussehen «Stell dich nicht so an, der Chef ist zwar nicht so nett, aber dafür sind die Mitarbeiter großartig. Nun verdienst du zwar weniger, aber dafür ist dein Arbeitsweg kurz, was ja auch wichtig ist. Es ist wichtig diesen Job anzunehmen. Was bildest du dir ein? Denkst du, dass auf dem Arbeitsmarkt jeder auf dich wartet oder dass du einfach wieder etwas anderes findest?» Und so geht dein innerer Dialog in einer Endlosschleife weiter. Es ist ein dauerndes Abwägen der Vor- und Nachteile.

Deine inneren Dialoge sind in diesen Momenten nicht sehr hilfreich. Sie führen dich oft hinters Licht, denn sie lassen dich nicht erkennen, was deine Wahrheit ist. Mit «Wahrheit» meine ich die freie und unbeschwerte, vielleicht auch die irrationale Seite in dir, die eben auch zum Menschsein dazugehört. Dadurch entstehen allzu oft Entscheidungen aus alt geprägten Mustern, das heißt, der Verstand greift auf viele Vorerfahrungen zurück, die dich bremsen und deinen Blick trüben. Glaubenssätze, Blockaden und Limitierungen spielen dabei eine wichtige Rolle. Wenn du auf all diesen Mustern eine Entscheidung fällst, ist es eine Entscheidung, die aus deinem Verstand kommt. Dein Herz – das, was wirklich zählt – wird dabei außer Acht gelassen. Darum möchte ich es hier nun auf das Grundsätzliche herunterbrechen. Die Sichtweise, die ich dir hier erklären möchte, vereinfacht dein Leben massiv.

Ich habe in meinem Leben oft diese Sichtweise genutzt, wenn es um Entscheidungen ging.

Das Leben spricht zu dir.

Achte auf die Zeichen, die dir das Leben schickt!

Dort findest du deine Antwort.

Wenn sich ein Job von Anfang an kompliziert und schwierig anfühlt, ist er nicht für dich bestimmt und du wirst mit größter Wahrscheinlichkeit bald wieder auf Stellensuche sein. Eigentlich weißt du, dass ein Job etwas sein sollte, dass dich erfüllt und an dem du Freude haben solltest. Im Prinzip könntest du es auch einfach auf diese Dinge reduzieren. Doch dein Verstand wird dich auf Trab halten mit all seinen Abwägungen und es kompliziert machen. Vertraue darauf, dass bestimmt ein weitaus besseres Jobangebot kommen wird. Vielleicht ist dir diese Stelle angeboten worden, damit du für dich spüren kannst, was du willst. Gib dich in diesem Moment nicht aus einer Angst heraus mit etwas zufrieden, was dich am Ende nicht wirklich glücklich machen wird. Vertraue immer darauf, dass das Richtige kommen wird. Wenn du dich gegen einen Job entscheidest, den du nicht von Herzen möchtest, hast du in diesem Prozess gelernt, nochmals stärker zu dir zu stehen und dich für das einzusetzen, was dir wichtig ist. Hör genau hin, das Leben spricht zu dir. Achte auf die Zeichen!

Sei dir klar darüber, was du willst.
Gehe keine faulen Kompromisse ein.

Setze lieber mal eine Jobangebot aus, um anschließend die Stelle anzunehmen, die zu dir passt. Damit meine ich nicht, dass du die Nonplusultra Stelle, die es nirgends auf diesem Planeten gibt, anstreben solltest und aus diesem Grund die nächsten Jahre einfach arbeitslos bleibst. Nein. Kompromisse einzugehen, gehört zum Leben dazu, aber sei weise und gehe keine faulen Kompromisse ein. Das ist ein großer Unterschied. Um die Stelle, die dir gefällt auch wirklich in dein Leben zu ziehen, musst du lernen, in die Energien dieser Vision zu gehen.

Verkörpere und lebe deine Vision, bevor sie eingetreten ist. Gehe in die Vorstellung deines Idealjobs und vertraue darauf, dass genau diese Stelle kommen wird.

ZWEITES BEISPIEL

Du lernst diesen einen Mann kennen, er gefällt dir auf Anhieb. Er ist sympathisch, lieb, humorvoll, ehrlich, kommunikativ und charmant. Er sieht gut aus, hat einen guten Job, verdient gutes Geld, so dass ihr euch viele schöne Urlaube und ein schönes gemeinsames Haus leisten könnt. Er ist gleichzeitig spirituell unterwegs und bringt alle Attribute mit, die für dich einen Traummann ausmachen. Doch die Dinge entwickeln sich trotzdem immer mühsamer zwischen euch. Es entstehen immer wieder Missverständnisse und Diskussionen, mit anderen Worten, es ist kompliziert. Doch du willst es nicht sehen, weil er dir gefällt, also gehst du faule Kompromisse ein. Doch mit der Zeit merkst du, dass es einfach nicht ins Fließen kommt. Das, was am Anfang bereits kompliziert war, bleibt zwischen euch so und wird nicht besser. Es wird immer komplizierter und du kämpfst zwar, doch es stockt.

Frage dich in dem Moment:

Ist diese Beziehung für mich bestimmt oder nicht?

Könnte es sein, dass das Leben für mich einen anderen Partner vorgesehen hat?

Schau genau hin. Um was geht es bei dieser Begegnung? Was darfst du erkennen und lernen?

Achte auch hier auf die Zeichen, die dir das Leben schickt! Ich glaube – und das hat sich in meinem Leben immer wieder gezeigt – die Liebe ist ein einfaches Ereignis. Die meisten Dinge, die bereits zu Beginn kompliziert sind, bleiben in der Regel auch kompliziert. Es braucht eben eine Bereitschaft von beiden Seiten, die Beziehung am Leben zu erhalten. Doch im Endeffekt sollte es weder kompliziert noch eine Riesenanstrengung sein.

Vielleicht will das Leben, dass du lernst loszulassen und zu vertrauen. Dies könnte dein perfektes Übungsfeld dafür sein.

Vielleicht darfst du loslassen, damit dein Idealpartner kommen kann.

Vielleicht sieht dieser Idealpartner nur halb so gut aus, ist nur halb so spirituell und verdient nur halb so viel Geld. Trotzdem entwickeln sich am Ende die Dinge einfach zwischen euch. Das könnte ein Zeichen dafür sein, dass du genau richtig bist. Das du durch diese Begegnung lernst, die Vorstellungen von dem loszulassen, was du denkst, was richtig ist. Das du dich darauf verlässt, dass im Leben die Dinge anders kommen können.

Das Leben ist nicht dazu da, um mit Dramen und komplizierten Beziehungen zu leben! Dafür bist weder du noch ich inkarniert. Daher gestalte die Dinge einfach. Suche die Einfachheit im Leben und in jeder Lebenssituation. Und zwar immer! Ohne Ausnahmen.

**Geh keine faulen Kompromisse ein.
Du bist es Wert glücklich zu sein.**

DRITTES BEISPIEL

Du suchst eine neue Wohnung. Du hast genaue Vorstellungen von deinem zukünftigen Zuhause und weißt, was zu dir passen würde. Dann siehst du diese eine Wohnung ausgeschrieben, die dir zwar gefallen würde, doch es gibt ein paar Dinge, von denen du bereits weißt, dass sie zu einem Problem werden könnten. Du gehst sie trotzdem besichtigen. Du kommst in die Wohnung hinein und sie ist nicht das, was du wolltest. Da du aber schon so lange suchst, denkst du dir «Na gut, dann gehe ich diese Kompromisse ein. Ich nehme sie trotzdem.» Der Vermieter ruft dich an und sagt dir, dass er sich für jemand anderen entschieden hat. Du bist sehr enttäuscht, siehst es als eine verpasste Chance und beginnst zu hadern. Ein paar Wochen später kommt eine bessere Wohnung und du denkst dir «Zum Glück hat es das letzte Mal nicht funktioniert, sonst wäre ich jetzt in dieser Wohnung mit all den Dingen, die mir ohnehin nicht gefallen hätten.»

Mir kommt dieses Beispiel sehr bekannt vor, denn ich hatte viele solcher Situationen in meinem Leben. Ob Wohnung, Job oder was auch immer. Immer dachte ich, das ist genau das, was ich will, das passt zu mir und das ist jetzt das Perfekte für mich.

Und als es dann nicht funktionierte war ich enttäuscht. Doch meistens kam anschließend etwas Besseres und ich war am Ende froh, dass es nicht funktioniert hatte.

Daher sage ich aus eigener Erfahrung:

Lass los. Wenn sich etwas schwierig oder kompliziert anfühlt, vertraue darauf, dass es nicht für dich bestimmt ist. Glaube daran, dass zum richtigen Zeitpunkt genau die passende Wohnung, der passende Partner, der passende Job — oder was auch immer du anstrebst — kommen wird.

Einmal mehr:

Geh keine faulen Kompromisse ein.
Du bist es Wert glücklich zu sein.

Ich will damit nicht auf schnelles Aufgeben hinaus, ich sage damit nur, erzwinge die Dinge nicht. Bemühen darfst du dich schon, aber du sollst nichts erzwingen. Das sind zwei verschiedene Haltungen, die du einnehmen kannst.

Halte deine Augen für die Zeichen, die dir das Leben schickt, immer offen. Sie kommen manchmal offensichtlich, manchmal aber auch versteckt.

Nun möchte ich eine weitere Übung einbauen, in der wir gezielt deine «faulen Kompromisse» in deinem Leben aufspüren. Dazu bitte ich dich, wieder dein Notizbuch oder ein Blatt Papier zur Hand zu nehmen. Schreibe auf, was dir spontan in den Sinn kommt, und folge deinem ersten Impuls, bevor dein Verstand anfängt zu bewerten und somit deine Antwort beeinflusst.

Mit der folgenden «Fünf-Säulen-Übung» kannst du für dich herausfinden, in welchem Bereich du «faule» Kompromisse eingehst.

Die fünf wichtigen Säulen im Leben sind:

1. Familie
2. Gesundheit
3. Soziales Umfeld
4. Beruf
5. Partnerschaft

Aus der Psychologie wird davon ausgegangen, wenn ein Mensch in allen Bereichen im Ausgleich ist, fühlt sich für ihn sein Leben zufrieden und glücklich an.

Nun möchte ich dich bitten, anhand der untenstehenden Fragen, jeden Bereich deines Lebens zu durchleuchten. Starte mit der ersten Säule, der Familie. Wenn du die Fragen beantwortet hast, nimmst du die zweite Säule, die Gesundheit. Und so fährst du fort!

ÜBUNG

DAS AUFSPÜREN
«FAULER KOMPROMISSE» IN DEINEM LEBEN

» Erfüllt dich dieser Bereich so wie du ihn heute lebst?

» Gehst du irgendwelche «faulen» Kompromisse ein?

» Was machen diese Kompromisse mit dir?

» Wie reagiert dein Körper darauf?

» Hast du Symptome? Wenn ja, wo genau und wie fühlt sich das an?

» Mal angenommen, du entscheidest heute auf diese «faulen» Kompromisse nicht mehr einzugehen, was wird sich in deinem Leben verändern?

» Wie wirst du dich in zehn Jahren fühlen, wenn du auf dein Leben zurückblickst?

» Welche Kompromisse willst du in Zukunft bei- behalten?

» Welche Kompromisse möchtest du auflösen?

» Was sind deine nächsten Schritte (eventuell genaue Handlungen planen oder definieren)?

Mit der letzten Frage möchte ich dich dazu bewegen, in eine Handlung zu gehen, damit du in deinem Leben konkret etwas verändern kannst. Die Fragen der Vorstellung, was in zehn Jahren sein wird, soll dir aufzeigen, was es bedeutet, so weiterzuleben, wie bisher. Dies kann erneut einen Handlungsimpuls auslösen. Ich erachte diese Übung als sehr wertvoll, da du durch die Beantwortung dieser Fragen für dich herausfinden kannst, wo du welche Kompromisse eingehst. Solange dich deine Kompromisse in deiner Wahrheit und dem, was du bist, nicht limitieren, sind sie nichts Negatives. Doch meiner Erfahrung nach gehen eben die meisten Menschen einfach zu viele «faule» Kompromisse ein.

Wieso tun sie das? Oft hat es damit zu tun, dass eine Angst dahintersteckt. Diese Angst kann verschiedene Gründe haben. Wenn man zum Beispiel «faule» Kompromisse in einer Beziehung eingeht, macht man dies oft, weil man den Partner nicht verlieren oder verletzen möchte. Doch wie ehrlich ist dann diese Partnerschaft? Du lebst damit nicht deine Wahrheit und verleugnest einen Teil in dir! Ich appelliere an die Ehrlichkeit und möchte dich dazu einladen, deine Wahrheit zu leben. Schau dir deine Kompromisse genauer an und entscheide bewusst, was du beibehalten möchtest und was nicht.

In den letzten Jahren hatte ich einige sehr große Herausforderungen in meinem Leben. Herausforderungen, die mich an meine Grenzen gebracht haben, doch von denen ich letzten Endes zu innerem Wachstum kam. Bin ich nun angekommen? Zentriert? Immer ruhig und happy? Nein, bin ich nicht! Auch ich habe meine mentalen Konstrukte, Prägungen, Limitierungen und Blockaden. Das gehört einfach zu meinem – wie auch deinem menschlichen Dasein – dazu. Ich glaube, dass das Leben wie ein Spiel ist. In diesem Spiel sind die Spielregeln simpel. Es geht darum, wer seine Konstrukte, Prägungen, Limitierungen und Blockaden am schnellsten abbauen kann. Bleibst du ein Leben lang darin stecken oder schaffst du es dich aus diesem – ich nenne es mal – mentalen Gefängnis zu befreien?

Was dies genau bedeutet, werde ich im Laufe unseres Dialoges auf verschiedenste Weise erklären.

Grundsätzlich bin ich zu dem Entschluss gekommen, dass wir immer die Wahl zwischen zwei Möglichkeiten haben:

**Entweder machen wir uns das Leben schwierig und kompliziert.
Oder wir machen uns das Leben einfach und unkompliziert!**

Das alles mag sehr einfach klingen. Ich weiß das. Es ist auch keine bahnbrechende Weisheit, die ich dir gerade vermittle. Doch ich möchte dich trotzdem dazu einladen, meinen Worten deine volle Aufmerksamkeit zu schenken. Ich denke genauer über meine Worte nach. Für mich ist es effektiv so. Ich orientiere mich an der Einfachheit des Lebens und entferne mich von allem, was mein Leben unnötig kompliziert macht. Das heißt, dass ich mich von meinen eigenen Gedanken distanziere, die mir mein Leben schwierig machen. Dies zu erkennen und zu leben, ist eine bewusste Entscheidung, die ich gefällt habe.

Um der Einfachheit deines eigenen Lebens näher zu kommen, können meiner Erfahrung nach auch an dieser Stelle Fragen klärend wirken und einen Raum für Erkenntnis öffnen. Ich möchte dich einladen, die unten aufgeführten Fragen für dich zu bearbeiten. Schaue, was sich an neuen Erkenntnissen für dich ergibt. Dazu bitte ich dich, wieder dein Notizbuch oder ein Blatt Papier zur Hand zu nehmen. Schreibe auf, was dir spontan in den Sinn kommt, und folge deinem ersten Impuls, bevor dein Verstand anfängt zu bewerten und damit deine Antwort beeinflusst.

ÜBUNG

DER EINFACHHEIT DES LEBENS AUF DIE SPUR KOMMEN

» Was macht dein Leben unnötig kompliziert?
» Falls du dein Leben als kompliziert empfindest:
» Wen oder was machst du verantwortlich für dein kompliziertes Leben?
» Was hindert dich daran dein Leben zu leben?

Grundsätzlich weiß ich aus eigener Erfahrung, dass das Leben an sich nicht immer einfach ist und dies macht es schwierig in einer Haltung der Einfachheit zu sein. Doch sich zu distanzieren von Gedankenmustern, die einem das Leben unnötig erschweren, kann manchmal echt schwierig sein. Manchmal habe ich das Gefühl, dass es oft auch ein Selbstläufer ist. Du denkst an etwas und dann denkst du es nochmals und schon bist du in einer Endlosschlaufe – des ständigen Denkens – gefangen. Viele unterliegen dem Irrtum, dass wir ein

Problem mit dem «Darüber-Grübeln» lösen zu können. Meiner Erfahrung nach war dies des Öfteren ein Irrtum. Denn je mehr du darüber nachdenkst, desto größer wird das Problem. Oft lässt es sich ohnehin mit Denken nicht lösen. Konstruktives Nachdenken hingegen, in Form von lösungsorientiertem Denken – sich hinsetzen, bewusst darüber nachdenken, sich die Dinge aufschreiben – halte ich persönlich für sinnvoll. Doch lege es danach wieder zur Seite. Es klingt sehr einfach, aber dies gelang auch mir nicht immer. Mir persönlich hat Meditation in den letzten Jahren sehr geholfen. Darum möchte ich in diesem Zusammenhang einen kleinen Exkurs in die Meditation machen.

Die Meditation war mir persönlich in vielen Belangen immer sehr hilfreich. Durch das Meditieren habe ich gelernt mich nicht zu verzetteln. Sprich, während dem Meditieren ist es unmöglich an nichts zu denken. Gedanken bilden sich auch während dem Meditieren, jedoch mit dem Unterschied, dass ich währenddessen die Gedanken an mir vorbeiziehen lasse. Je mehr ich dies in den letzten Jahren trainiert habe, desto mehr habe ich für mich bemerkt, dass ich auch im Alltag eine Distanz zu meinen Gedanken und Problemen gewinnen konnte. Für mich war dies ein großer Gewinn. Darum rede ich in all meinen Workshops und Coachings immer wieder über das Meditieren und versuche Menschen dazu zu motivieren, dies auch in ihr Leben zu integrieren. Es ist einfach und man kann es überall durchführen. Man braucht weder eine besondere Begabung dafür noch irgendwelche Kurse, die einem erklären, wie man meditiert. Jeder kann meditieren.

In den Jahren, als meine Kinder noch klein waren, und auch die Zeit, in der sie größer wurden, waren sehr intensiv. Ich hatte nebst der Erziehung der Kinder auch persönlich viele fundamentale Veränderungen in meinem Leben, mit denen ich mich auseinandersetzen musste und bei denen ich einen Weg finden musste, damit umzugehen. Aufgrund hoher Belastungen in meinem Privatleben bekam ich ein Burnout. Mein steiniger Weg führte von Therapie zu Therapie und ich lernte, dass mir die Gesprächstherapien nicht wirklich halfen.

Bei der klassischen Psychotherapie wird einerseits die Ursache in der Vergangenheit gesucht und andererseits versucht man, mit dieser

Methode den Stress des Patienten zu minimieren. Was Sinn macht, doch um ein Burnout nachhaltig heilen zu können, braucht es meiner Meinung nach mehr als das. Bei mir führte die Therapie – und damit einhergehend die Reisen in meine Vergangenheit – zu keiner Heilung. Im Gegenteil. Mein Stresslevel wurde dadurch massiv erhöht, denn durch das stete Wiederholen der Vergangenheit durchlebte ich eine Retraumatisierung und hielt mein Trauma so am Leben. Ich habe Menschen beobachtet, die durch dieses Zurückgehen in die Vergangenheit hängengeblieben sind. Es ist wichtig zu wissen, dass «Hängenbleiben», egal in welcher Form auch immer, Stillstand bedeutet! Die Menschen, die sich für diesen Weg entscheiden, fügen sich eine Menge Leid zu. Ich glaube fest daran, dass es sinnvoll ist, sich die Vergangenheit für einen kurzen Moment anzuschauen, allerdings macht es meiner Meinung nach weitaus mehr Sinn, sich davon zu lösen und sich in die Gegenwart des jetzigen Moments zu begeben, weil die Kreativität im Jetzt und nicht in der Vergangenheit liegt. Aus diesem Grund macht es meiner Meinung nach auch wenig Sinn, die Erfahrungen aus der Vergangenheit mit in die Gegenwart zu nehmen. Wie will etwas Neues entstehen, wenn du deine Gegenwart auf der Vergangenheit aufbaust? Du wiederholst damit nur, was du bereits erlebt hast.

Was üblicherweise in einem Burnout dringend empfohlen wird, ist, sich einen ruhigen Alltag zu erschaffen. Meine Kinder waren noch klein und ich konnte mich nicht von meinem Muttersein «krankschreiben» lassen. Also musste ich nach Wegen suchen, wie ich trotz der bleibenden Belastungen aus dem Burnout herauskomme. Genau da half mir die Meditation. Die vielen Coaching-Sitzungen, Sachbücher, Workshops oder Seminare konnten mir nur bedingt helfen. Ich erhielt zwar viele wertvolle Inputs, doch wenn du ein Burnout hast und du zudem Lebensumstände hast, die du nur schwer ändern kannst, musst du nach anderen Wegen suchen. Wege, die unkonventionell sind und trotzdem die Lösung in sich tragen, waren für mich die richtigen Methoden für meine Heilung. Meditation war eine dieser Methoden, die für mich sehr effektiv war.

Es gibt unzählige Methoden und Ansätze, wie man meditieren kann. Meiner Erfahrung nach gibt es immer eine Meditationsmethode, die je nach Lebensphase gerade passt – oder auch nicht passt. Heute meditiere ich zum Beispiel ohne Anleitung und eher in der Stille. Wenn meine Gedanken stark und unruhig sind, hilft es mir, angeleitete Meditationen zu machen. Während dem Burnout war es für mich am hilfreichsten, wenn ich jeden Tag in die Vorstellung eines Lebens ohne Burnout ging. Dazu nutzte ich die angeleiteten Meditationen, die mich dabei unterstützten, in diese Vorstellungen hineinzugehen. Ich ging in das Gefühl der Ruhe, der Kraft und des Mutes. Ich fühlte diesen Zustand, als wäre er bereits eingetroffen. Dieses Gefühl, welches ich für mich erzeugte, nahm ich im Anschluss mit und lebte danach, als wäre ich bereits dieser Mensch ohne Burnout. Gesund und fit.

Kennst du den Begriff «Fake it till you make it»? Das heißt übersetzt «Täusche es vor, bis du es schaffst!» Eigentlich ist es ein effektives Täuschungsmanöver, welches ich mir erschaffen habe, Tag für Tag. Doch es ist höchst wirkungsvoll und ich habe in meinem Leben viel damit erreicht. Vielleicht kann ich dich dazu anspornen, es auch auszuprobieren. Egal in welcher Lebenssituation du dich momentan befindest, wenn es etwas gibt, dass du unbedingt anders haben möchtest, stelle dir einfach vor, wie dein Leben sein wird, wenn sich genau diese Vorstellung bewahrheitet. Was wirst du fühlen? Wie wird es dir damit gehen? Fühlt es sich gut an? Wenn ja, lebe danach. Und zwar jeden Tag. Du hast nichts zu verlieren, du kannst nur gewinnen. Schau auf mein Leben, hätte ich nicht solche Strategien angewendet, glaub mir, ich wäre an manchen Situationen zerbrochen.

Ich glaube, dass das ganze Leben an sich ein Prozess ist, in dem man immer wieder aufs Neue in Lebenssituationen kommt, die einen aufwecken, aufrütteln und manchmal auch erfreuen. Aber eben auch an seine Grenzen bringen können. Ich habe viele Freundinnen oder auch Kundinnen, die mir immer wieder sagen «Ich würde so gerne ankommen, doch ich kann nicht, weil dies oder dass «falsch» läuft in meinem Leben.» Sie wünschen sich einen Partner, um das Gefühl des Ankommens in ihrem Leben zu erschaffen. Manchmal haben sie einen Partner, doch der will sich nicht festlegen und zeigt keine Intention, einen Schritt weiterzugehen. Dies belastet sie, weil sie so gerne mit ihm ankommen möchten. Es gibt unzählige Lebensumstände, so nenne ich sie hier in diesem Kontext, die uns hindern können anzukommen. Es gibt aber auch das Umgekehrte. Frauen, die alles haben, eine super Beziehung, einen großartigen Job, ein schönes Haus, Gesundheit und vieles mehr. Sie scheinen alles zu haben. Doch der Krieg oder die Pandemie, mit anderen Worten, die äußeren Weltgeschehnisse, beunruhigen sie und hindern sie am Ankommen. Deshalb merke dir, wer denkt, hofft oder davon ausgeht, dass es irgendwann ruhig wird oder er irgendwann irgendwo ankommen wird, der wird ewig auf das Erreichen dieses Zieles warten müssen. Das fühlt sich für mich nach einem verpassten Leben an, in dem man in einer Warteschleife festsitzt. Man könnte auch sagen, dies führt zu einem Stillstand.

Ich glaube, dass all die bisherig beschriebenen Dinge Bedingungen sind, die wir ans Leben stellen, nach dem Motto

«Wenn dies oder das in meinem Leben stimmt, kann ich ankommen.» Denke einen Augenblick über meine Worte nach. Sollten wir nicht versuchen unabhängig von all diesen Dingen anzukommen? Sollte nicht genau das unser Ziel sein? Ich weiß, dass dies eine große Herausforderung ist, denn auch für mich war es einfacher anzukommen, wenn mein Leben gut lief und ich alles hatte, was ich mir wünschte. Doch ich habe mit der Zeit festgestellt, dass dann eben immer wieder Dinge geschahen, die dieses Gefühl des Ankommens zerstörten. Das war frustrierend. Kaum hatte ich Erfolg mit meinen Workshops, ging es einem meiner Kinder schlecht. Kaum ging es dem Kind wieder besser, ging die Pandemie los. Kaum war die Pandemie etwas besser, hatte ein anderes Kind Probleme in der Schule. Verstehst du auf was ich hinaus möchte? Ich will nicht alles schwarzmalen und dir erklären, dass das Leben an sich etwas Schlechtes ist, überhaupt nicht. Ich will dir anhand meiner Beispiele aufzeigen, dass es dich auf Dauer nicht glücklich machen wird, wenn du dein Ankommen von äußeren Umständen, Menschen oder Dingen abhängig machst. Viele Menschen leben so, ich weiß. Darum schreibe ich auch darüber.

Auch ich hatte jahrelang diese Haltung und lebte so. Ich dachte immer, ich brauche dies oder jenes, um anzukommen.

Doch ich stellte fest, wenn ich so lebe, ist es als würde ich permanent in einer Erwartungshaltung sein. Als wäre das Leben, so wie es jetzt ist, nicht in Ordnung und dass es erst gut sein kann, wenn eben diese Dinge eintreffen. Mich hinderte diese Haltung daran im Jetzt zu leben. Meine Erfahrung hat mir gezeigt, dass echtes Ankommen mit einer inneren Haltung einhergeht. Wenn ich einfach glücklich sein kann, mit dem was jetzt ist, ohne etwas anderes zu wollen, kann ich auch so ankommen. Das heißt aber nicht, dass ich keine Ziele, Träume oder Visionen für die Zukunft haben darf. Klar hatte ich die und die habe ich auch heute noch. Doch der Unterschied liegt darin, dass ich nicht leide oder unzufrieden bin, wenn ich es nicht habe. Ich lebe im Hier und Jetzt, in der tiefen Akzeptanz dessen, was ist. Dies befähigt mich auch mit Veränderungen umzugehen. Viele Menschen haben Mühe mit Veränderungen. Gerade dann, wenn sie ihr Leben als in Ordnung betrachten, so wie es ist, denn dann versuchen sie es festzuhalten und haben Angst, dass ihnen etwas genommen werden könnte.

**Veränderungen sind das einzig konstante
im Leben und doch scheuen sich die meisten davor.**

Veränderungen sind etwas Natürliches. Das unnatürliche an Veränderungen sind Versuche, dagegen anzukämpfen oder Lebenszustände, Menschen oder Dinge starr dort festzuhalten, wo wir sie gerne hätten oder haben möchten. Genau dies macht es anstrengend. Es sind nicht die Veränderungen oder Herausforderungen, die uns müde machen, sondern unsere Haltung demgegenüber. Wir leben oft in einer Art und Weise, in der wir von uns behaupten zu wissen, wie die Dinge sein sollten, statt sie so hinzunehmen, wie sie sind.

Wir halten an alten Erinnerungen fest und weigern uns Veränderungen anzunehmen. Wir halten an der Illusion fest, dass dadurch etwas Dauerhaftes entstehen kann oder die Veränderung sich zurückzieht. Wie wir Veränderung erfahren und erleben, liegt an uns. Es kann wortwörtlich der Tod sein oder auch einfach einen neuen Anfang bedeuten. Hätte ich eine starre und unflexible Haltung gehabt, hätte ich das, was ich alles erlebt habe und das Großziehen meiner fünf Kinder, mit allen Herausforderungen, nicht überlebt. Ich wäre untergegangen. Ich habe in meinem Leben immer und immer wieder die Haltung eines Schöpfers eingenommen. Ich habe gelernt, das Leben und mich als Prozess zu sehen. Ich umarme die Veränderungen und bin bereit für alles. Nach dem Motto «Komme, was wolle, ich bin bereit dafür!»

Wann immer sich etwas in meinem Leben zeigt, ich «schreie» es laut heraus: Was will diese Situation, das Leben, diese Menschen, egal was sich zeigt, mich lehren?

Ich sehe in jeder Veränderung eine Chance und eine Möglichkeit.

Ich bin flexibel, offen, wach und voller Adrenalin. Meine ganze Haltung ist auf Wachstum ausgerichtet. War ich immer so? Nein war ich nicht. Ich kann das Leben nur so sehen, wie ich es heute sehe, weil ich auch die andere Seite erlebt habe. Ich war Opfer, ich war starr, ich war unflexibel, ich war auf Abwehr – das habe ich erlebt und irgendwann alles hinter mir gelassen. Weil mich das Leben immer wieder in Situationen gebracht hat, in denen ich ohne den Wechsel meines Mindsets nicht überlebt hätte.

Wir leben heute in einer sehr schnelllebigen Zeit. Die Dynamik hat sich massiv verändert. Das heißt, was heute gut oder als richtig angesehen wird, wird morgen bereits wieder über Bord geworfen. Pandemien, Kriege und Umweltkatastrophen, alles ist Teil unseres aktuellen Lebens geworden. Wer nicht umdenkt, sich auf Wachstum ausrichtet und lieber stur bleibt, der wird meiner Meinung nach auf längere Sicht leiden und untergehen.

Ich glaube, wenn wir alle die Kunst des Lebens begriffen haben, einerseits lernen zu akzeptieren, wie das Leben ist und andererseits im Augenblick sowie im Hier und Jetzt zu leben, haben wir bereits sehr begriffen. Denn das Leben findet jetzt statt. Nicht im Gestern, nicht im Morgen, sondern nur in der Gegenwart und im jetzigen Moment. Was immer sich zeigt, am besten ist es, sich nicht dagegen zu wehren und es mit vollem Herzen anzunehmen. Daraus resultiert eine Haltung des Friedens.

Im Endeffekt reduziert sich alles auf unser Bewusstsein. Das heißt, entweder du verschläfst dein Leben oder du gehst wach durch dein Leben. Wir haben alle die freie Wahl, uns zwischen diesen zwei Bewusstseinszuständen zu entscheiden.

Was meine ich damit? Jemand, der wach durchs Leben geht, lebt in der Gegenwart. Weder in der Vergangenheit noch in der Zukunft. Das ist für mich der Zustand eines Flow State. Du bist einfach. Ohne zu urteilen, ohne die Dinge anders haben zu wollen, ohne nichts – im Sein. Du kennst die größeren Zusammenhänge und sie machen für dich Sinn. Du hinterfragst sie nicht, das brauchst du nicht. Weil sich alles im Leben immer wieder für dich fügt. Du spürst und siehst die Zeichen. Du folgst ihnen, weil sie für dich wie ein Wegweiser sind. Wenn du konfrontiert wirst mit Veränderungen, wenn Dinge geschehen, dann nimmst du sie an, du fließt durch sie hindurch. Du bist verbunden mit dem großen Ganzen. Das heißt, du weißt, dass wir alle Eins sind. Du bist verbunden mit allen anderen. Da ist keine Trennung. Die Denkweise, du bist da und ich bin dort, gibt es nicht. Wir sind alle eins. Dein Handeln hat Auswirkungen auf alles. Wenn du die Welt verschmutzt, wenn du Essen wegwirfst – alles hat Auswirkungen auf alles.

Du denkst groß, du denkst über den Tellerrand hinaus.

Das ist für mich die Haltung eines Menschen, der in einem wachen Bewusstseinszustand durchs Leben geht. Nun gibt es da den anderen Bewusstseinszustand – ich nenne ihn den Schlafenden. Schlafen ist der Bewusstseinszustand, indem sich die meisten Menschen befinden. Du bist auf Autopilot gestellt. Wenn der Nachbar, Partner, Boss, egal wer, etwas Falsches sagt, fühlst du dich getriggert. Du reagierst oft unüberlegt und einfach spontan aus der Emotion heraus. Daraus entstehen Konflikte sowie Probleme und ein Haufen Missverständnisse. Tagein und tagaus reagierst du nach dem gleichen Schema. Du bist Sklave deiner verborgenen Muster, die du nicht erkennen kannst – oder nicht willst.

Das bedeutet mit anderen Worten, das das, was sich aus der Tiefe zeigt, unangenehm ist. Doch weil du es als «Arbeit» empfindest, dem auf den Grund zu gehen, wirst du alles tun, um zu verhindern, dass du damit in Berührung kommst. Das tust du, indem du dich «schützt». Schützen heißt, dem Nachbar, der dich triggert, gehst du aus dem Weg. Dein Partner, der dauernd deine Knöpfe drückt, wird von dir verlassen. Du veränderst deine Umstände im Außen und verlangst von deinem Umfeld, dass sie auf deine Triggerpunkte Rücksicht nehmen, damit du deine unangenehmen Gefühle nicht spüren musst. Du denkst, dass dies normal ist, weil alle so leben. Doch wenn du diesen Gefühlen auf den Grund gehst, wirst du mit der Zeit erkennen, dass genau dieser Weg zu deiner Freiheit führt. Am Anfang mag es vielleicht kompliziert sein, doch wenn du den Weg gehst, wirst du am Ende Freiheit erleben. Weil dich irgendwann weder dein Boss noch dein Partner oder dein Nachbar triggern wird. Dadurch erlebst du automatisch einfach mehr Frieden in dir, bist ausgeglichener und ruhiger.

Solange dich bestimmte Dinge berühren oder etwas in dir auslösen, hast du auch immer deine eigenen Anteile darin, die geheilt werden wollen.

Was meine ich mit «Anteile»? Wir gehen nun in die Schattenarbeit hinein. Schattenarbeit ist ein großes Thema, dass ich hier nicht allzu sehr ausführen möchte, weil es den Rahmen dieses Buches sprengen würde. Da ich sie jedoch als sehr wichtiges Thema erachte, möchte ich einen kleinen Exkurs mit dir machen, damit du meine Ansichten etwas besser nachvollziehen kannst. Ich rede in fast allen meinen Büchern über die Schattenarbeit, weil ich diese Arbeit als sehr heilsam erachte.

Schatten sind die Anteile in dir, die du aus deinem Bewusstsein heraus nicht wahrnehmen kannst oder willst. Die, wie das Wort sagt, im Schatten liegen, also verborgen sind. Du kannst davon ausgehen, dass sie verborgen in deinem Unterbewusstsein liegen. Jedes Mal, wenn dich jemand triggert, berührt er deinen Schatten und du reagierst darauf. Dieser Knopf löst etwas in dir aus und eine negative Emotion oder ein unangenehmes Gefühl bedrückt dich. Angenommen du wurdest als Kind verlassen. Dann kann es sein, dass dich heute die gleichen Gefühle einholen, die du als Kind erlebt hast, als du verlassen wurdest. Angenommen du bist in einer Beziehung und dein Partner ignoriert dich oder schreibt dir nicht zurück. Dieses Verhalten könnte dich triggern und bei dir zu einer übertriebenen Reaktion führen. Sein Verhalten löst beispielsweise Panik in dir aus, denn du hast Angst, dass er dich verlassen könnte. Viele Paare wissen nichts von diesen Schatten. Statt bei sich selbst zu schauen, warum ein Verhalten eines anderen diese Emotion bei mir auslöst und dem Ganzen auf den Grund zu gehen, verlangen sie vom Partner, dass er sein Verhalten anpasst, damit sie diese Emotionen nicht mehr fühlen müssen. Das ist Stress für jede Beziehung. Das spannende an dem Ganzen ist, das die meisten Paare genau die gleichen Schatten haben. Dies bedeutet, Schatten zieht Schatten an.

Deshalb kann es sein, dass du, wenn du ein Ablehnungsthema hast, mit größter Wahrscheinlichkeit einen Partner in dein Leben ziehen wirst, der auch ein Ablehnungsthema hat. So entsteht zwischen euch so etwas wie ein Ping-Pong Spiel. Mal ist der eine auf Distanz und schubst den anderen an und dann der andere. Es findet ein hin und her schießen statt, doch wirklich zur Ruhe kommen die beiden so nie.

Nur wer sich mit seinen eigenen Schatten auseinandersetzt, kann auch frei werden von seinen Mustern, Blockaden und Reaktionen, die ihn womöglich immer wieder belasten und verunsichern.

Doch wie heilt man diese Anteile? Es gibt verschiedene Möglichkeiten.

ÜBUNG

AUFSPÜREN DEINER ANTEILE

Mit dieser Übung möchte ich dir eine Anleitung mitgeben, die du für dich anwenden kannst. Sie ist einfach und unkompliziert. Du kannst sie auf jegliche Anteile bezogen anwenden.

Hier die vier Schritte zusammengefasst, die Erklärung folgt im Text:

» Schritt 1:   Erkennen und Bewusstwerden
» Schritt 2:   Verantwortung übernehmen
» Schritt 3:   Fühlen der Anteile
» Schritt 4:   Volle Akzeptanz

Der erste Schritt ist das Erkennen und Bewusstwerden, dass deine Schatten da sind, denn damit holst du sie in dein Bewusstsein. Sie schlummern dann nicht mehr in deinem Unterbewusstsein, denn dort nimmst du sie nicht wahr.

Als zweiten Schritt musst du die volle Verantwortung dafür übernehmen, dass dies deine Anteile sind. Sie gehören nicht jemand anderem. Hör auf, andere dafür verantwortlich zu machen und von ihnen zu erwarten, dass sie darauf Rücksicht nehmen sollen. Du kannst nicht die anderen für deine Triggerpunkte verantwortlich machen. Dir das zu merken ist sehr wichtig.

In einem dritten Schritt musst du lernen, ins Fühlen dieser Anteile zu gehen. Das bedeutet, je mehr du sie weghaben möchtest und so dein Umfeld manipulierst, desto mehr Macht gewinnen sie über dich und letztendlich auch über dein Umfeld. Stell dir vor, wie anstrengend es sein muss, wenn dein Umfeld fast schon eine Gebrauchsanleitung braucht für all die Dinge, die sie nicht tun oder sagen dürfen oder tun müssen, damit du dich in deiner Komfortzone geborgen fühlst. Ich staune immer wieder über die Dinge, die wir auch unserem Umfeld damit zumuten.

Im vierten Schritt möchte ich dich dazu einladen, in die volle Akzeptanz zu gehen, dass dies einfach zu dir gehört und dass du Mensch bist. Verurteile dich nicht für das, was du bist. Sondern sei einfach.

In der nächsten Übung werden wir nun gemeinsam deine Schatten in einer anderen Form aufspüren. Schatten sind oft in dem Verborgen, was uns wütend macht und wovor wir Angst haben. Aber auch in den Dingen, die wir bereuen. Wie machen wir das? Indem wir gezielte Fragen stellen, die dir aufzeigen werden, was in dir schlummert. Ich weiß, das sind mühsame Dinge, die man nicht so gerne anschaut. Probiere es trotzdem aus, sag deinem Ego, es soll doch einfach mal diese neue Erfahrung zulassen und ruhig sein.

ÜBUNG

WUT · ANGST · REUE

Mache drei Spalten und sieben Zeilen auf einem Blatt Papier. Schreibe sieben Dinge auf, die dich wütend machen, die dir Angst machen und was du bereust.

- » Wut: Ich bin wütend, weil ...
- » Ängste: Ich habe Angst vor ...
- » Reue: Ich bereue, dass ...

Beispiel

- » Ich bin wütend, weil mich mein Partner immer wieder hintergeht.
- » Ich habe Angst davor, in Zukunft allein zu sein.
- » Ich bereue es, dass ich nicht die Dinge tue, die ich tief in mir spüre.

Schreibe für jede Spalte sieben Handlungen auf, die diese Gefühle auslösen oder dazu beitragen, sie auszulösen. Eine nach der anderen.

Nun nimm die drei stärksten Aussagen und plane eine konkrete Handlung.

Beispiel

» Wenn ich an meinen Vater denke, werde ich wütend, weil er mir nie Zuneigung zeigte oder irgendetwas schätzte, was ich als Kind tat.

Dann die Handlung:

» Bis zum 14. dieses Monats ein Treffen mit meinem Vater vereinbaren, meine Gefühle ausdrücken und ihm anschließend zuhören, um Frieden schließen zu können.

In dieser Übung geht es vor allem darum, dass wir die Schatten erst einmal aufspüren und im Anschluss aktiv in eine Handlung gehen. Durch das Aufspüren der Schatten erkennst du bereits viel. Wenn du danach aktiv in einen Prozess gehst, indem du mit Handlungen Dinge in deinem Leben änderst, kannst du einiges auflösen.

Du hast nun einen umfangreichen Einblick in die Schattenarbeit erhalten. Es gibt unzählige Bücher dazu. Für mich war nach langjährigen Erfahrungen, in denen ich vieles ausprobiert hatte, diese Übung die effektivste Methode von allen.

**Tipps für den Alltag: Wie kannst du
deinen Schatten in deinem Alltag zähmen?**

Dazu möchte ich dir erst ein Zitat zeigen, das dir genau das auf den Punkt bringt, was ich dir näherbringen möchte:

«Könnte es dein Leben verändern, wenn du dich jeden Tag fünf Minuten lang auf einem Blatt Papier beschwerst? So verrückt es auch klingen mag, die Antwort ist Ja.»

Tim Ferris

ÜBUNG

ZÄHMEN DER SCHATTEN IM ALLTAG

Um deine Schatten im Alltag zu zähmen und um ihnen näher zu kommen, möchte ich dich dazu einladen, jeden Tag folgendes zu machen:

Schreibe all deine Probleme – und alles, was dich an deinem (oder dem Leben eines anderen) stört, auf ein Blatt Papier oder mache eine Notiz in deinem Handy.

Beginne damit, dies jeden Morgen als Routine vor dem Frühstück zu tun. Mache diese Übung jedes Mal, wenn du feststellst, dass deine Schatten die Oberhand gewinnen. Reagiere nicht wie sonst auf bestimmte Situationen. Schreibe erst einmal alles auf, bevor du auf eine Situation reagierst.

Je mehr du Frieden schließt mit allen Aspekten deines Seins, desto einfacher kannst du durchs Leben fließen.

Das dies schwierig ist, weiß ich. Ich habe all diese Prozesse hinter mir und stecke immer noch zum Teil darin. Denn zu denken, dass du da einfach durchgehst und alles erledigt ist, ist eine Illusion. So funktioniert es nicht. Da kommen immer wieder Dinge hoch, glaube mir. Doch im Endeffekt wirst du glücklicher, ehrlicher und zufriedener, wenn du diese Prozesse durchlebst. Deine Prozesse mögen zwar manchmal viel von dir abverlangen, doch je mehr du erkennst und dich selbst heilen kannst, desto einfacher wird es.

Und mit der Zeit, je älter ich werde, stelle ich fest, es wird ruhiger. Die Intensität lässt nach, was für mich ein Indiz dafür ist, dass ich viel in mir heilen konnte. Ich habe Bekannte, wenn ich mit ihnen rede, höre ich seit Jahren dieselben Geschichten. Die Kinder nerven, der Mann ist doof, die Arbeit ist blöd, der Klimawandel ist ein Problem, die Welt ist kurz vor dem Untergang. All diese Dinge beschäftigen sie sehr und tagtäglich kämpfen sie mit allen möglichen Dramen. Sie leiden jeden Tag ob denselben Themen, Dingen und Menschen. Auf die Frage, ob sie denn nichts ändern wollen in ihrem Leben, oder vielleicht einen Weg finden möchten, um anders mit diesen Situationen umzugehen, erhalte ich meistens dieselben Antworten. «Das ist doch normal, dass mich das stresst. Der und der geht es genauso wie mir. Wir sind auch nur Menschen.» Verstehe ich durchaus. Daher sage ich immer wieder, ich stelle hier keine Dogmen auf und ich sehe die Dinge nicht nur schwarz oder weiß.

Deshalb möchte ich dich dazu einladen, sanft und demütig zu dir oder auch mir gegenüber zu sein. Stell dir einfach für einen kurzen Augenblick vor, wie dein Leben aussehen würde, wenn dich dieses oder jenes eben nicht mehr – oder vielleicht einfach weniger als gewohnt – aus der Fassung bringen würde. Fühlt sich ein Leben in dieser Form nicht frei, ruhig und glücklich an? Wieso sich dermaßen limitieren mit der Idee, dass es so sein muss, nur weil die meisten Menschen so leben?

Ganz ehrlich, ich will nicht urteilend oder überheblich wirken, mich berühren immer weniger Dinge, Menschen und Situationen. Dies hat nichts damit zu tun, dass es mir egal ist oder dass die Probleme weniger geworden sind. Die Menschen oder Situationen haben sich nicht verändert, die Probleme sind dieselben, aber ich habe mich verändert. Klar finde ich viele Dinge, die auf der Welt passieren nicht in Ordnung, auch ich mache mir meine Gedanken darüber. Doch ich stelle fest, je aufgeräumter ich in mir bin, desto mehr Resilienz habe ich.

Resilienz ist die Fähigkeit eines Menschen, belastende Lebenssituationen zu meistern und mit negativen Ereignissen gut umgehen zu können. Mit «aufgeräumt» meine ich, ich habe bereits Anteile in mir geheilt. Und genau darum geht es. Denn dies fördert meine Resilienz. Und dies ist nicht Arbeit, es ist ein Prozess, der einfach dazugehört. Mich haben diese Dinge auch jahrelang genervt. Ich kann das Leben nur deshalb so sehen wie ich es heute sehe, weil ich eben die andere Seite kenne. Wenn ich dir nun schreibe, dass mich diese Dinge nicht mehr nerven oder berühren, ist das nicht aus Überheblichkeit. Es ist einfach meine Wahrheit. Ich kann dir hier nur meine Erfahrungen weitergeben und dir sagen, was sich für mich bewährt hat. Dass das Leben, die Entwicklungen und die Herausforderungen nicht einfach sind, dass weiß ich alles. Doch hier möchte ich dir einfach das weitergeben, was mich weitergebracht hat. Um dorthin zu kommen, wo ich heute bin.

Menschen, die ihr Leben lang, «schlafen» und nichts in sich aufräumen, die werden vom Leben dauernd überrollt, weil die Welt sich verändert und alles an Tempo zunimmt. Wir haben nicht die Zeit zu warten. Die meisten Menschen werden von dieser Dynamik in einen latenten Zustand von Alarmbereitschaft gesetzt – mit anderen Worten, sie leben in Angst, wollen das Leben steuern und kontrollieren. Sie wollen nach ihren Regeln leben und so weitermachen, wie sie es für richtig halten. Doch leider funktioniert es so nicht. Das Leben hat seine eigenen Dynamiken und Regeln. Das meiste, was wir für Wichtig erachten, können wir nur bedingt beeinflussen. Vieles liegt außerhalb unserer Kontrolle. Wir können Schöpfer unseres eigenen Lebens sein, doch da ist ganz viel, dass außerhalb von uns geschieht und das außerhalb unserer Kontrolle liegt. Doch das heißt nicht, dass wir deswegen keine Schöpfer sein können.

Denn wir können unsere Reaktion auf die Ereignisse bestimmen. Dort liegt für mich die Schöpferkraft und die Macht, die ich in mir trage.

Das Leben findet immer im Hier und Jetzt statt. Entweder du realisierst wahr und echt, was ist und wer du bist, oder du lebst in der Illusion, in der du dir ein Leben erschaffen möchtest, dass du für perfekt hältst. Dies würde bedeuten, du klammerst, du lässt nicht los, du hast Vorstellungen, wie die Dinge sein müssen, damit du glücklich sein kannst. Du arbeitest permanent auf etwas hin, weil so wie es ist, es nicht in Ordnung ist. Es klingt beim Schreiben schon sehr anstrengend und ist auch garantiert auch sehr anstrengend so zu leben.

Ich war selbst in dieser Schleife und das Leben schubste mich immer wieder an. Darum rede ich in all meinen Büchern immer wieder vom Aufwachen. Irgendwann kam bei mir der Moment, wo ich für mich entschied «Ich arbeite auf nichts mehr hin. Das Leben findet jetzt statt. Da gibt es kein Gestern oder Morgen, das ich beeinflussen kann. Ich kann nur den jetzigen Moment beeinflussen und leben.» Auch stellte ich fest, um wieviel einfacher das Leben wurde, wenn ich die Dinge einfach akzeptiere, wie sie sind, statt sie anders haben zu wollen. Denn dies löst Stress aus. Ich hatte in meinem Leben oft Momente, in denen ich gezwungen wurde, so zu leben. Ich musste im Hier und Jetzt sein und alles akzeptieren, weil mir alles genommen wurde. Im ersten Moment war alles noch in Ordnung und am nächsten Tag war plötzlich alles anders. Wenn man diesen Einschnitt im Leben erfolgreich verarbeiten möchte, erfordert es innere Flexibilität und das Wachstums-Mindset. Diese Flexibilität kann sehr herausfordernd sein und sie ist dann echt schwierig zu mobilisieren.

Als eines meiner Kinder schwer krank wurde, hatte ich Angst. Ich hatte Todesangst. Ich erkannte zum ersten Mal, dass ich mein Kind verlieren könnte. Das war schmerzhaft und mir wurde plötzlich bewusst, was wirklich zählt im Leben.

Im Angesicht des Todes erkennst du, was im Leben zählt und auf was es ankommt. Denn erst wer gelernt hat zu sterben, kann auch echt leben.

Ich hatte oft davon gehört, aber nie gewusst, was wirklich damit gemeint war. Bis ich es selbst erlebte. Ich wusste nicht, wie es ausgehen würde und ob wir es schaffen werden. Meine Tochter zeigte mir die Wichtigkeit des Augenblickes. Sie zeigte mir, was es heißt, das Gestern loszulassen und nicht an das Morgen zu denken, weil für uns nur der heutige Tag zählte. Und jeder Tag, den wir gemeinsam schafften, war ein gewonnener Tag. Ich lernte jeden Tag zu sterben, ich lernte jeden Tag loszulassen, ich lernte jeden Tag zu vertrauen, ich lernte den Moment zu genießen, wenn ein Fortschritt da war, aber im gleichen Zug auch wieder mich aufzubauen, wenn wieder ein Rückschritt kam.

Das Leben hält so viele Lektionen für uns bereit. Manchmal schmeißt dir das Leben knallhart eine Aufgabe hin, nach der du nicht gefragt hast. Doch du weißt, du musst da durch. Da gibt es kein Entrinnen. Du musst stark sein, weil viel – wenn nicht alles – von dir abhängt. In diesen Momenten meines Lebens wusste ich, dass ich für meine Kinder stark sein musste. Das mobilisierte in mir eine immense Kraft. Eine Kraft, die ich nicht für möglich gehalten habe.

Mein Glaube, meine Hoffnung, mein Freigeist, meine Flexibilität, meine Ruhe, meine Stärke, meine Schwächen, meine Liebe, meine Demut – alles, was ich in mir trage, half mir, diese Zeiten zu überstehen. Im Endeffekt wusste ich immer, wenn ich das mit meiner Tochter geschafft habe, werden wir stark herauskommen.

Im Leben wächst man nicht an den schönen, angenehmen Phasen, denn sie sind da, um zu genießen.

Wachsen wirst du vor allem an den schwierigen, herausfordernden Phasen.

Diese Erfahrung zeigte mir aber im gleichen Zug auch die tiefere Bedeutung der Tatsache. Es ist ein Fakt, den wir einfach annehmen müssen:

Wir wissen in den meisten Fällen nicht, wohin uns unsere Lebensreise führt. Das Leben an sich ist ungewiss! Wir meinen zwar zu wissen, wohin es geht, doch im Endeffekt können wir es nicht mit Bestimmtheit sagen.

Mit dieser Ungewissheit können die meisten Menschen nicht umgehen. Dies verleitet uns dazu Schutzmechanismen aufzubauen, die uns eine vermeintliche Sicherheit geben, in der wir uns im falschen Gefühl wiegen sowie dem Irrglauben unterliegen, dass wir das Leben im Griff haben. Doch meiner Erfahrung nach haben wir das Wenigste im Griff. Das Leben ist ungewiss und je schneller du dich diesem Gefühl hingibst und die Kontrolle abgibst, desto freier und glücklicher kannst du sein. Mit «abgeben» meine ich nicht, die Haltung eines passiven Menschen einzunehmen und alles dem Zufall zu überlassen. Ich halte mich trotz meiner Lebenshaltung für ein sehr schöpferisches Wesen, dass viel im Leben bewegt und umsetzt. Ich sitze nicht rum und warte. Ich meine damit, eine gesunde Haltung des Loslassens der Kontrolle, die wir allzu oft haben.

Ich glaube, es ist sehr wichtig, dass wir klare Visionen und Vorstellungen von dem haben, was wir wollen und demnach auch die Weichen stellen, um dies erreichen zu können. Das heißt in Aktion gehen und in die Handlung kommen, aber nicht in einen Kontrollzwang.

Ich glaube auch, das Rezept liegt in einer gelassenen Haltung. Genaue Vorstellungen zu haben und dementsprechend zu handeln, aber zur selben Zeit flexibel zu sein und sich auch anpassen zu können, wenn Änderungen kommen. Und vor allen Dingen, einfach nicht verbissen sein. Es gibt Menschen, die setzen sich Ziele und gehen danach mit dem Kopf durch die Wand. Davon halte ich nichts. Mein Erfolg in Bezug auf meine Kinder oder mit meiner Tätigkeit als Coach, stellte sich immer dann ein, wenn ich eine klare Vorstellung von etwas hatte und ins Handeln ging. Aber auch losließ, also keinen Druck und Stress daraus machte.

Im Zusammenhang mit meiner Tochter wurde mir einmal mehr bewusst, wie ungewiss alles ist. Denn ich hatte meine Pläne, die ich innerhalb weniger Wochen kippen musste, weil sie mich brauchte. Einmal mehr musste ich flexibel sein. Einmal mehr zeigte mir das Leben die Wichtigkeit von Vertrauen, Loslassen und auch von dem, was wichtig ist. Wir lebten nicht mehr im Gestern und auch nicht mehr im Morgen, nur noch im Jetzt. Die ersten Wochen, als wir intensiv in diesem Prozess waren, hatte ich Angst sie zu verlieren. Diese Angst zeigte mir einiges auf. Mir wurde bewusst, je schöner und wertvoller etwas ist, desto mehr wollen wir daran festhalten. Doch dieses Festhalten macht uns unfrei. Das Festhalten löst eine Energie der Angst in uns aus, die ihre eigene Dynamik hat. Eine Dynamik, über die sich viele Menschen gar nicht bewusst sind. Hättest du nicht Angst davor, etwas zu verlieren, könntest du es einfach frei genießen und fließen lassen. In dem festen Glauben daran und im Vertrauen darauf, dass sich alles so entwickelt, wie es sein muss.

Du kannst nichts verlieren. Nichts gehört dir, mir oder uns. Wir sind Menschen, da sind nebst uns Tiere, Pflanzen, Lebewesen aller Arten. Alles unterliegt der Geburt und dem Tod in sich. Je mehr du damit Frieden schließt und nicht in der Illusion der Ewigkeit verweilst, desto freier wirst du sein.

Ganz simpel und doch auch sehr schwierig, es wirklich zu verstehen und anzunehmen.

Mir wurde bewusst, dass die Angst, meine Tochter zu verlieren, meine Rolle als Mutter veränderte. Obschon ich eine Mutter bin, die loslassen kann und ich meine Kinder sehr selbstständig erziehe, begann ich sie zu beschützen. Ich ging so weit, dass ich die Verantwortung für ihren Zustand, ihr Leben und ihr Leid übernahm. Damit engte ich sie ein. Du kannst die Verantwortung übernehmen, wenn dein Kind noch klein ist, doch ab einem bestimmten Alter solltest du lernen, auch wenn es dein Kind ist, es loszulassen. Meine Tochter war kein Kind mehr. Daher musste ich lernen, sie anders zu unterstützen. Ich wusste in diesem Moment nicht, wieso dies oder das gut sein soll. Auch wusste ich nicht, wieso mein Kind durch diese Krankheit gehen muss. Im Endeffekt kam ich dem Wieso damals nicht sofort auf die Spur. Erst Jahre später erkannte ich die größeren Zusammenhänge. Damals übernahm ich spontan zu viel Verantwortung für sie, sodass sie gar nicht heilen konnte. Erst als mir dies die Ärzte erklärten, verstand ich, dass ich sie trotz der Sorgen am ehesten unterstützen kann, wenn ich loslasse und ihr zutraue, dass sie dazu fähig ist, sich selbst zu heilen. Dies entlastete mich und gab ihr den nötigen Freiraum, für sich selbst die Verantwortung zu übernehmen. Für ihr Leben – und nicht zuletzt – auch die Genesung. Dies trieb den Prozess für uns beide voran. Meine Veränderung veränderte den Prozess. Daher schreibe ich in all meinen Büchern immer und immer wieder «Mache deine innere Arbeit. Wenn du das beherzigst, werden sich die Dinge von allein fügen.»

**Das Leben lehrt dich alles, wenn du genau hinschaust.
Du brauchst keine Seminare, Bücher, einen Coach oder
sonst jemanden, der dir das sagt.**

Das Leben ist eine Lebensschule und sie beinhaltet alles, was du brauchst! Die größten Schritte machst du immer in der Verzweiflung, in den Momenten, in denen du glaubst, zu zerbrechen. Weil du genau dann gezwungen bist, nach innen zu schauen und Dinge in dir zu mobilisieren, die du nicht für möglich gehalten hast. Daher sehe in jeder schwierigen Lebensphase die Chance für Wachstum und Neubeginn.

Ich finde diese ganze Persönlichkeitsentwicklungsschiene, die zurzeit sehr trendig ist, sicher auch gut. Doch es gibt uns oft auch das Gefühl, als wären wir nicht gut genug, noch nicht angekommen, noch nicht dort, wo wir sein sollten. Als ob wir irgendetwas erreichen müssten. Es unterstreicht in einem Dauerzustand unsere innere Unzulänglichkeit. Auch treibt es unseren eigenen Perfektionismus und inneren Antreiber fortwährend an. Dies kann sehr anstrengend sein.

Daher sehe ich es persönlich als meine Mission, Menschen wie dich durch meine Geschichte zu Größerem zu inspirieren. Ich möchte dich zu deinem Ursprung zurückführen und dir zeigen, dass du bereits alles in dir hast. Mein Ziel ist es eben nicht, deinen inneren Antreiber oder dein Ego zu nähren und dich aufzufordern, bei dir etwas zu ändern oder dir das Gefühl zu vermitteln, dass du unzulänglich bist. Was ich hier vermitteln möchte, ist eine Seelenwahrheit. Etwas, dass tief in dir bereits vorhanden ist.

Deine Seelenwahrheit kannst du immer und einfach anzapfen. Diese innere Wahrheit weiß genau, wer du bist. Das ist keine Arbeit, das ist einfach fühlen, was echt in dir ist.

Daher finde ich, dass Persönlichkeitsentwicklung an sich eine gute Sache ist. Doch ich glaube – und das hat mir meine eigene Erfahrung gezeigt – du hast bereits alles in dir. Oft verlieren wir den Zugang zu uns selbst, weil wir uns immer wieder verleugnen, weil wir Erwartungen erfüllen, weil wir uns unter Druck setzen dies oder das zu tun, weil wir zugedröhnt werden mit Social-Media und weil wir den ganzen Tag herumrennen. Alles entfernt uns von dem wahren Kern, von unserer Seelenwahrheit.

Im Prinzip liegt der wahre Schlüssel im Finden dieses Zugangs! Wenn du das Leben als Lebensschule nutzt, zeigt es dir immer wieder auf, wo du stehst und wie du diesen Zugang wieder aktivieren kannst. Dann kannst du Bücher, Seminare und Coaches nutzen, um dich in deinem Prozess zu unterstützen. Um Inputs zu erhalten. Doch sei weise und gehe achtsam mit diesen Dingen um. Die Zeichen des Lebens sind oft viel hilfreicher als all das. Denn das Leben präsentiert dir, wie auf einem Silbertablett, immer das, was du brauchst, um dich entwickeln zu können. Wenn du dieser Spur folgst, nutzt du das Leben als Lebensschule.

Das Leben ist oft viel einfacher und simpler als das, was wir daraus machen. Oft sind wir es, die daraus etwas Kompliziertes gestalten und es uns selbst unnötig schwierig machen.

In all meinen Büchern rede ich immer wieder davon die beste Version deines Selbst zu sein. Was meine ich damit? Ich meine damit genau das, was ich hier schreibe. Sei einfach das, was du bist und genau das ist die beste Version deines Selbst. Authentizität bedeutet das Sein, was du bist. Was soll daran falsch sein? Wieso musst du noch besser oder anders werden?

Wenn du dich lebst, bist du die beste Version deines Selbst.
Lass dir von niemandem das Gegenteil einreden, du bist gut, wie du bist.

Merke dir die Einfachheit meiner Worte.

In diesem Buch möchte ich dir unter anderem zeigen, was es bedeutet, als Frau unabhängig und stark zu sein. Und wie es ist, sich zu leben. Frauen wurden seit jeher unterdrückt. Heute haben wir viel mehr Freiheiten, doch es ist immer noch eine Tatsache, dass das weibliche Geschlecht in vielen Ländern, Situationen und Dingen benachteiligt wird. Meine Tochter hatte im Fach Geschichte vor ein paar Jahren in der Schule eine Arbeit geschrieben über die Gleichberechtigung. Sie hat mich gelehrt, dass Finnland ein absoluter Vorreiter in Sachen Gleichberechtigung ist. Kein Land hat die Gleichberechtigung so weit vorangetrieben wie Finnland. Die Löhne sind gleich, die Tagesstätten für die Betreuung von Kindern sind gut, Mutterschaftsurlaub ist ausgiebig und vieles mehr. Jede Frau hat dort die Möglichkeit arbeiten zu gehen. Wohingegen dies in vielen anderen Ländern immer noch nicht der Fall ist. Auch verdienen in den meisten Ländern Männer in gewissen Positionen immer noch mehr als Frauen. Was absolut veraltet ist. Die Liste der Benachteiligung des weiblichen Geschlechts lässt sich endlos weiterführen. Doch darum soll es hier nicht gehen. Ich denke, wir wissen, was Sache ist. Sich darüber aufzulehnen, bringt nichts. Viel mehr kannst du einmal mehr mit deiner Haltung bewegen.

**Sei einfach eine unabhängige Frau in deinem Leben.
Lebe dein eigenes Ding. Setze dich für die Gleichberechtigung
nach deinen eigenen Möglichkeiten ein.**

Beschäftige dich damit, was eine unabhängige, starke und einzigartige Frau für dich ist. Bewege dich jeden Tag in dieser Energie.

Viele Frauen sind von Natur aus sehr gebend. Also geschieht es oft, dass wir irgendwann an einen Punkt im Leben kommen, wo wir dies realisieren und folglich in eine Krise kommen. Mir ging es auch so. Wie es mir dabei ging, hatte ich in meinem vorigen Buch geschrieben. Ich realisierte, dass ich oft zu kurz kam und für meine Kinder sowie für meinen Mann alles tat. Doch diese Aufopferungsschiene ist nicht der richtige Weg, denn sie entfernt uns von uns selbst. Vor allen Dingen gibst du damit deinen Mädchen, falls du welche hast, ein komplett falsches Bild über das Frausein weiter. Eine Frau ist nicht da, um alle Bedürfnisse und Erwartungen anderer zu erfüllen. Diese Denkweise erachte ich als veraltet und überholt. Es passt nicht in das neue Bewusstsein unserer heutigen Zeit.

Gleichzeitig denke ich aber, dass wir zurzeit in ein anderes Extrem fallen, was auch nicht der richtige Weg ist. Viele Frauen neigen dazu, sich dermaßen zu positionieren, dass es ungesund wird. Ich persönlich halte wenig von irgendwelchen Hauruck-Aktionen, in denen die Frauen von einem auf den anderen Tag ihr neues «Ich» leben und radikale Veränderungen durchmachen. Nachhaltig sind solche Handlungen nicht, weil sie oft aus einem Trotz heraus entstehen. Wie ich in meinen vorigen Büchern geschrieben habe und was ich auch in meinen Workshops all meinen Teilnehmerinnen immer wieder sage, ist

«Das Leben sucht immer nach einem Ausgleich – die Balance ist das A und O. Ohne Ausgleich kann auf Dauer nichts gesundes entstehen.» Alle Extreme fallen irgendwann in eine Chaos, weil nur so wieder eine Neuordnung entstehen kann. Dies besagt die Chaostheorie. Die Chaostheorie bezieht sich jedoch nicht auf den Ausgleich, der wieder hergestellt werden muss. Sie beschreibt im Allgemeinen die Systeme und deren Funktionalität. Jede Beziehung, jedes Wirtschaftssystem und jede Firma kann für eine gewisse Zeit stabil sein, doch irgendwann strebt es nach einer Neuordnung und alles gerät in ein Chaos. Nach jedem Chaos folgt früher oder später etwas Neues. Das ist einfach ein Naturgesetz. Daran sollten wir uns allgemein im Leben orientieren. Keine Extreme leben und immer auf Ausgleich bedacht sein. Wenn du dies verinnerlichst und lebst, kommst du gar nicht in eine Situation, in der du dich so hart positionieren musst. Und die Energie der Königinnen, die geben dir den Rückhalt und die Energien, die du brauchst, um dies auch authentisch umsetzen zu können und zu leben.

Du brauchst keine Härte, um Grenzen zu setzen. Wenn du deine Weiblichkeit spürst, lebst und mit dir verbunden bist, kannst du auf eine weiche und doch bestimmte Art gesunde Grenzen setzen.

ÜBUNG: GRENZEN SETZEN

» In welchem Bereich oder bei welcher Sache willst du in Zukunft Grenzen setzen?
» Was hat dich bis jetzt daran gehindert Grenzen zu setzen?
» Was könnte dir helfen, um in Zukunft konsequent deine Grenzen zu setzen?

Es gibt unzählige Bücher darüber, wie man Grenzen setzen kann. Auch wird in ihnen auf das Thema des «Nein-Sagens» eingegangen.

Das Nein-Sagen steht im direkten Zusammenhang mit Grenzen setzen. Wer Nein sagen kann, steckt damit automatisch seinen Bereich ab. Doch überlege, was ist der Ursprung vom «Nicht-Nein-Sagen» können? Ist es deine Angst allein zu sein? Deine Angst, dass du nur als «Ja-Sager» geliebt wirst? Lebst du diese gebende Rolle so sehr, dass sich dein Umfeld daran gewöhnt hat und du Angst davor hast sie loszulassen? Es gibt so viele Hintergründe und genau diese machen es schwer Nein zu sagen.

Ich glaube, dass die Wurzel von allem der Mangel an Selbstliebe ist. Denn wer sich liebt und sich seinen eigenen Wert gibt, lebt automatisch seine Grenzen. Daher braucht es vielleicht keine Bücher, um dies zu lernen. Sondern vielleicht beginnt alles in dir. Starte doch heute damit. Wieso alles auf Morgen schieben und noch mehr Bücher lesen oder Seminare besuchen zum Thema Grenzen setzen oder sich selbst lieben? Wenn es doch so einfach geht.

Du hast alles in dir, zapfe einfach deine innere Quelle an.

Ich weiß, dass vieles im Leben eine große Herausforderung sein kann. Wir kämpfen an verschiedenen Fronten und gewisse Schicksalsschläge können sehr hart sein. Wenn ich mit meinen Kundinnen Coaching-Sessions durchführe, spüre ich die vielen Herausforderungen und auch ihr Leid, welches sie in sich tragen. Viele Coaches haben in den letzten Jahren großartige Tools entwickelt und jeder versucht genau diese Lücke zu füllen. Doch erkenne bei allen Hilfsmitteln, auch wenn sie großartig klingen mögen, es sind einfach Hilfsmittel. Tools, verfolgen alle das gleiche Ziel. Sie wollen etwas in dir lösen. Etwas in dir wiederherstellen.

Meiner Erfahrung nach jedoch gilt, wie bei vielem im Leben, je weniger und vor allem einfacher, desto besser. Gewisse Tools sind viel zu kompliziert in der Umsetzung. Manchmal denke ich, muss denn alles so kompliziert sein? Doch ich kenne es aus meiner eigenen Not heraus. Als es mir schlecht ging, suchte ich überall und bei jedem nach Lösungen sowie nach Linderung. Ja, ich habe dadurch vieles ausprobiert. In meinen Büchern will ich dir aufzeigen, dass sich alles auf wenig minimiert. Die Lösung liegt in uns! Ich weiß, es klingt so banal und einfach, doch lies weiter, denn was ich damit meine, wirst du im Laufe des Lesens immer besser verstehen. Vielleicht kommst auch du zum Entschluss, dass es tatsächlich einfach ist! Wenn ich dies bei dir auslösen kann, habe ich mit meinen Zeilen mein Ziel erreicht.

Beachte immer, dass hinter jedem Psychologen oder Coach eine Seele steckt, die selbst viel durchgemacht und erlebt hat. Nur so können Psychologen, Coaches oder auch Heiler sich mit dem Leid der anderen verbinden. Genauso geht es mir auch. Wir haben diese Tätigkeit gewählt, weil wir uns selbst in irgendeiner Form durch unsere Tätigkeit heilen. Wenn ich dir schreibe, dann öffne ich eine Tür zu meinem Bewusstsein wie auch zu meinem Unterbewusstsein und aktivere einen Heilungsprozess in mir. Das ist einfach so. Jeder Kunde lehrt mich unheimlich viel über sein, wie auch mein eigenes Leben. So heile auch ich. Weil seine Erfahrung auch die Meinige ist. Und alles, was ich lehre, lehre ich auch mir selbst.

Mir wurde oft gesagt, «Du musst in dir aufgeräumt und klar sein, bevor du diese Tätigkeit ausübst.» Ehrlich gesagt, ich war lange auch dieser Meinung und habe mich diesbezüglich unheimlich unter Druck gesetzt. Ich dachte immer, wenn ich diese Baustelle in mir geheilt habe, kann ich endlich meine Passion ausüben und den Menschen helfen, ihr eigenes Glück zu finden. Ich stellte immer den Anspruch an mich ein Vorbild zu sein. Doch dann kam immer wieder etwas Neues. Wieder eine Herausforderung und wieder eine. Und jede Herausforderung an sich hat wieder einen neuen Prozess ausgelöst. Bis ich zu dem Schluss kam, dass wir, jeder Einzelne von uns, nie ausgelehrt ist. Auch wenn ich in meinem Leben nicht immer alles vorbildlich lebe, kann ich trotzdem für andere ein Licht sein. Denn meine Ehrlichkeit, all meinen Ecken und Kanten, können auch für dich und andere eine Inspiration sein.

Das Leben ist ein Prozess und es kommen immer wieder neue Dinge auf uns zu. Ob persönliche, private Veränderungen oder auch Dinge von außen. Und wie ich bereits geschrieben habe, wir können nur unsere Reaktion darauf steuern, alles andere liegt außerhalb unserer Handlungskompetenz. Ich für mich habe mein Leben auf die Einfachheit reduziert. Im Laufe dieses Dialoges, vor allem im letzten Teil, in dem ich mich mit dem Seelenanteil «Der Königin der Schwerter» verbinde, realisiere ich immer mehr, dass es all diese Tools, Bücher und Seminare über Persönlichkeitsentwicklungen gar nicht braucht.

Die Liebe in unserem Herzen ist unser wichtigster Kompass sowie unsere Wahrheit. Wenn wir uns danach orientieren, brauchen wir nicht mehr.

Ich wünsche dir, dass du durch meine gemachten Erfahrungen viele Erkenntnisse gewinnen konntest. Und dass du in meinen Worten eine Inspiration findest, um dich als Frau neu zu orientieren. Du bist ein wunderbares und einzigartiges Wesen. Einfach so, wie du bist. Ich kenne dich zwar nicht, doch im Herzen fühle ich während dem Schreiben die Verbindung zu dir und bin einfach dankbar, dass du da bist. Ich schätze es sehr, dass ich dir einige meiner Erfahrungen weitergeben durfte und dass du sie gelesen hast. Im kommenden Kapitel nehme ich dich mit in meine Lebensgeschichte. Auch da versuche ich dir möglichst viel Wissen mitzugeben, damit auch du davon inspirieren kannst. Ich freue mich auf unsere gemeinsame Reise!

Dritter Teil

LASS DICH INSPIRIEREN
UND GESTALTE DEIN LEBEN NEU

Im dritten Teil möchte ich dich mit in meine Lebensgeschichte nehmen. Ich möchte sie dir jedoch im Zusammenhang mit der Unabhängigkeit und Freiheit erzählen und dir von den Erlebnissen berichten, die mich dazu bewegt haben, meine Mission zu erschaffen. Nicht zuletzt ist sie auch der Ursprung dieses Buches ist. Ich möchte dich dazu einladen, immer wieder innezuhalten und auf die Botschaften zu hören, die darin verpackt sind. Lass uns loslegen und eintauchen in mein Leben.

Im Jahr 1975 wurde ich in Zürich geboren. Meine Mutter stammt ursprünglich aus Haiti und mein Vater aus der Schweiz. Da sich beide darüber einig waren, dass ich nach meiner Geburt kein Einzelkind bleiben sollte, bekam ich noch eine kleine Schwester. Wir wuchsen in der Schweiz, im schönen Zürich, auf. Mein Vater war Zahnarzt, meine Mutter blieb zu Hause und kümmerte sich um uns Kinder. Ich bin in einer Familie aufgewachsen, in der die klassische Rollenverteilung gegeben war, die wir heute so nicht mehr wirklich kennen. Doch in den siebziger Jahren war dies völlig normal. Alle meine Freundinnen wuchsen so auf. Mein Vater ging arbeiten, meine Mutter blieb zu Hause. Es gab weder Schulen noch sonstige Tagesstätten, die für die Betreuung von Kindern ausgerichtet war, weil es einfach normal war, dass die Mütter zu Hause blieben.

Wir hatten eine gute Kindheit. Ich erinnere mich an viele schöne Reisen, die wir als Familie gemacht haben. Wir waren unter anderem auf den Malediven, in Afrika, in den USA und in der Karibik. Ich auch war immer diejenige gewesen, die die Welt erkunden durfte. Das hat sehr viel Spaß gemacht und ich hatte immer viel zu erzählen, wenn ich nach Hause kam. Ich habe dieses Leben und die Möglichkeiten, die meine Eltern mir gegeben haben, sehr zu schätzen gewusst. Mein Vater war ein Lebemann und er reise auch viel allein. Sein Hobby war es, am Wochenende mit einem kleinen Flugzeug zu fliegen. Er liebte auch gutes Essen, war sehr gesellig und intelligent. Ich konnte viel von ihm lernen. Sein Allgemeinwissen war enorm, was jede Unterhaltung sehr spannend machte. Meine Mama war die Latina. Sie war lustig und lieb und sie gab uns ein zu Hause der

Wärme. Sie tanzte viel und liebte Musik. Es gab viele Momente, in denen wir ausgelassen in der Küche tanzten und Spaß hatten. Wir hatten als Kinder eine gute, abwechslungsreiche Zeit erlebt.

Leider verstarb mein Vater im Jahr 2007 völlig unerwartet an Krebs. Als er erkrankte und innerhalb von drei Monaten verstarb, musste ich mich mit dem Tod und dem Ende des Lebens auseinandersetzen. Dies war das erste Mal in meinem Leben, wo ich mit dem Thema Tod in Berührung kam. Damals war ich dreißig Jahre alt und mein Vater war gerade einmal sechzig Jahre. Als Zahnarzt lebte er sehr gesundheitsbewusst und er war immer fit. Die Diagnose und der plötzliche Tod kamen für uns alle sehr überraschend.

Das Leben ist etwas Besonderes, es bringt uns immer im richtigen Moment die richtigen Erfahrungen. Ich empfand den Moment damals nicht als den «richtigen» für das Thema Tod, denn ich war noch jung und stand mitten im Leben. Außerdem hatte ich noch so viele Pläne mit meinem Vater. Es war hart einzusehen, dass aus all dem nichts mehr werden würde.

Doch das Spannende daran war, dass ich durch seinen Tod vieles gelernt und in meinem Leben geändert habe. Im Nachhinein kann ich für mich sagen, dass es eben doch der richtige Moment war, denn die Veränderungen waren wertvoll und haben zu meinem inneren Wachstum geführt. Heute bin ich froh, dass ich diese Erfahrung bereits mit dreißig Jahren machen durfte und nicht erst mit vierzig, fünfzig oder sechzig Jahren. Natürlich vermisse ich meinen Vater sehr und ich hätte ihn heute lieber hier, doch es ändert nichts an der Tatsache, dass er nicht mehr da ist. Darum nehme ich die Schwere heraus und nutze die Erfahrung, indem ich sie in etwas Positives umwandle. Ich glaube, mein Vater hätte das auch so gewollt. Vieles von ihm ist mir bis heute geblieben, obschon sein Tod bereits viele Jahre her ist.

Daher hat jede Erfahrung, die wir machen, ihren Wert. Mit jeder Erfahrung bekommen wir ein Geschenk! Manchmal ist es versteckt, doch wenn du genau hinschaust, erkennst du in jeder Erfahrung das Geschenk.

Durch den Tod meines Vaters wurde mir bewusst, dass die meisten Menschen ihren täglichen Beschäftigungen nachgehen. Sie arbeiten tagein und tagaus, ein Leben lang, sind gefangen in einem Hamsterrad und kämpfen sich täglich durch ihren Alltag.

Bis sie plötzlich sechzig oder siebzig Jahre alt sind und sich die Frage stellen «Was habe ich mein Leben lang gemacht?» Oft schieben sie Dinge, die sie gerne erleben möchten, vor sich her, weil sie davon ausgehen, dass sie später noch einmal Zeit dafür haben. Doch was ist, wenn die Zeit schon bald vorbei ist? Was ist dann?

Daher eine der wichtigsten Erkenntnisse, die ich auf meinen Weg mitgenommen habe und die ich dir hier mitgeben möchte. Lebe heute und jetzt. Nicht morgen. Schiebe nichts auf. Ich habe diese Erkenntnis in mein Leben integriert und verwirkliche mir meine Träume. Ich schiebe nichts auf. Meine «Bucket List» (Liste mit Dingen, die man einmal im Leben gemacht haben möchte) ist in der Tat nicht so lang. Es kommen immer wieder Dinge dazu, doch da ich sie immer abarbeite, ist sie nie wirklich lang. Meine Mutter lebt immer noch in Zürich in dem Elternhaus, wo ich aufgewachsen bin. Ich liebe es, sie dort zu besuchen. Das Haus hat viele schöne Erinnerungen und es gibt mir immer wieder ein Stück Heimat zurück, was mir sehr guttut.

Die Schule durchlief ich wie jedes Kind in der Schweiz, von der Grundschule bis zur Mittelschule. Im Anschluss machte ich eine dreijährige kaufmännische Ausbildung. Es war abwechslungsreich und hatte Spaß gemacht, doch die Erfüllung fand ich darin nicht. Da ich grundsätzlich von Natur aus ein positiver Mensch bin, der dazu neigt, einfach das Beste aus jeder Situation zu machen, war das zu diesem Zeitpunkt völlig in Ordnung für mich. Ich spürte allerdings im Alter von einundzwanzig Jahren, dass ich etwas ändern wollte. Damals meldete ich mich an der Fachhochschule für Psychologie an und hatte mir überlegt, dort ein Studium zu beginnen. Doch es kam alles ganz anders, weil mein zukünftiger Mann (wir waren damals verlobt) bereits sehr erfolgreich in seinem Beruf war und wir uns dazu entschlossen, Kinder zu bekommen. Wir haben gemeinsam entschieden, dass ich diejenige sein werde, die zu Hause blieb. Aus diesem Grund kam eine weitere Ausbildung für mich zu diesem Zeitpunkt nicht mehr in Frage.

Es fühlte sich damals gut an und es passte einfach. Ob ich es heute bereue? Es gab Momente, in denen ich es bereut habe, weil ich mich nicht weitergebildete habe in einem Bereich, der mich sehr interessiert hätte. Doch ich werde dir im Laufe meiner Geschichte erzählen, wieso eben auch diese Entscheidung die Richtige gewesen war. Sie hat mich nämlich Jahre später an Grenzen gebracht hat, die ich nie für möglich gehalten hätte. Trotz allem aber hat mich mein Weg dorthin gebracht hat, wo ich heute bin. Daher ist kein Weg, für den man sich entscheidet, falsch. Wenn du an einer Weggabelung stehst und du unsicher bist, wohin du nun sollst, folge einfach deiner Intuition. Du kannst nichts Falsches entscheiden, denn es dient immer einem Zweck, den du vielleicht noch nicht siehst. Aber glaube mir, irgendwann wirst du ihn erkennen.

Grundsätzlich war meine Entscheidung zu Hause zu bleiben schon auch auf der Tatsache gefällt worden, weil ich so erzogen wurde. So wie es meine Mutter, meine Großmutter und die Mutter davor gemacht haben. Und nichtsdestotrotz, auch wenn wir alle in einem klassischen Modell gelebt haben, hat jede auf ihre Art ihren Weg gemacht und vieles bewegt. Der haitianische Einschlag mütterlicherseits in mir ist von einer besonderen Dynamik geprägt. Ich habe in meiner Familie viele Tanten und Großmütter. Und einfach alle Frauen in meinem Stammbaum sind geprägt von starken, unabhängigen weiblichen Wesen. Sie haben Kinderheime und Schulen in Haiti errichtet, haben sich immer für die Ärmeren und Benachteiligte eingesetzt. Viele von ihnen waren alleinerziehend und mussten hart kämpfen für ihre Freiheit, ihr Leben, ihre Kinder und alles, was sie sind. Ich spüre oft diese Energien in mir. Sie sind da. Auch in diesem Moment, in denen ich dir hier schreibe. Ich verbinde mich immerzu mit dieser immensen Kraftquelle.

Meine Familie ist in den historischen Geschichtsbüchern von Haiti verankert. Mein Großvater und seine Brüder, auch meine Großonkel waren und sind heute noch in der Politik tätig. Sie belegten wichtige

Positionen in der Politik. Viele Menschenleben wurden geopfert, weil dort alles sehr korrupt ist, doch sie haben immer für die Gerechtigkeit gekämpft. Sie waren alle starke Vertreter der Freiheit von Haiti. Als Kind war ich viel in Haiti. Bis 1986 reisten wir jedes Jahr dorthin. Leider geriet das Land in starke politische Unruhen, weshalb wir nach dem Jahr 1986 nicht mehr zurückkehren konnten. Meine Eltern hielten es für zu gefährlich. Ich reiste erst viel später allein zurück, als ich bereits erwachsen war. Meine Erinnerungen bleiben in meinem Herzen bestehen. Ich liebte die Reisen nach Haiti. Sie waren geprägt von Familientreffen und es machte jeden Sonntag großen Spaß, wenn sich alle zusammentrafen. Wir waren an diesen Treffen bis zu vierzig oder fünfzig Leute und wir tanzten und aßen den ganzen Tag. Es war immer sehr ausgelassen und unbeschwert. Es wurde viel geredet und gelacht. Ich höre heute noch die Geräusche, die Musik und ich rieche das leckere Essen. Ich liebte es einfach, denn es war für mich Heimat. Manchmal sogar stärker als in der Schweiz. Obschon dort viel Armut herrschte, waren diese Menschen fröhlich. Ich erlebte viel Freude und Leichtigkeit. Das bewunderte ich als Kind sehr und dies berührte mich immer wieder von Herzen. Mich hat diese Familiendynamik enorm geprägt. Bis heute ist mir die Familie wichtig geblieben und ich setze mich für einen starken Familienzusammenhalt ein. Diese Werte habe ich auch all meinen Kindern mitgegeben.

Als kleines Kind wuchs ich im katholischen Glauben auf. Wir gingen regelmäßig in die Kirche, denn dies war das, was alle taten. Bis meine Mutter, als ich zehn Jahre alt war, sich einer Glaubensgemeinschaft anschloss. Dies änderte mein Leben schlagartig. Wir feierten keine Geburtstage mehr, kein Weihnachten und auch nicht alle anderen Feiertage. Sie fielen einfach alle weg. Es war eine große Umstellung. Plötzlich waren wir einfach anders als alle anderen. Mein Vater war nicht dabei und sonderte sich vom Glauben ab. Er respektierte die Entscheidung meiner Mutter, doch für ihn war das nichts. Wir Kinder allerdings waren auch in der Gemeinschaft und gingen mit zu allen Anlässen und unterstützten unsere Mutter.

Als ich sechzehn Jahre alt war, entschloss ich mich dazu auszusteigen. Ich spürte zum ersten Mal den Drang nach Unabhängigkeit und Freiheit in meinem Leben. Mich persönlich engte der Glaube ein, ich brauchte Raum und Freiheit, was ich dort für mich nicht finden konnte. Ich möchte an dieser Stelle meinen Respekt für den Glauben meiner Mutter entgegenbringen. Daher möchte ich mich nicht wertend ihrem Glauben gegenüber äußern. Ich habe meinen Fokus auf die positiven Dinge gesetzt, weil es die durchaus auch gibt. Meine Mutter hat darin viel Halt gefunden, was ich auch als positiv erachte. Ich glaube, dass es jedem Menschen selbst zusteht, dass zu glauben, was er für richtig hält.

Meine Mutter und ich haben trotz verschiedener Ansichten immer einen Weg gefunden und nur das zählt im Leben. All die Kriege und Missverständnisse beruhen doch im Kern genau auf einer Absicht. Immer den anderen überzeugen zu wollen, genauso zu denken wie man selbst. Oft mit Nichtakzeptanz der Andersartigkeit. Mich hat unsere Familiensituation gelehrt, tolerant und in Frieden zu sein, mit dem, was ist. Es gibt nichts Wertvolleres, dass du einem Menschen geben kannst, als seine Andersartigkeit zu akzeptieren. Wieso all diese Beurteilungen und Bewertungen? Viele Menschen widersprechen mir und sagten «Jeder Mensch braucht seine Ecken und Kanten. Klare Werte. Du kannst doch nicht einfach mit allen Dingen in Frieden sein und nichts mehr kritisieren.» Doch ich denke anders darüber. Hat dich jemals das Auflehnen wegen einer Sache weitergebracht? Ganz ehrlich und Hand aufs Herz. Mich nicht. Im Gegenteil.

Du kannst dich für eine Sache einsetzen, das ist eine andere Haltung und hat meiner Meinung nach nichts mit Auflehnung zu tun. Dinge ausschließen und verurteilen ist für mich persönlich keine gesunde Haltung und führt nicht zur echten Freiheit. Deshalb heißt es aber nicht, dass ich auf der Welt alles toleriere. Das tue ich durchaus nicht. Ich habe ein stark ausgeprägtes Gerechtigkeitsgefühl in mir. Wenn ich Ungerechtigkeit sehe, setze ich mich für den Schwächeren ein. Aber wenn ich in meiner eigenen Familie mit Dingen konfrontiert werde, die mir nicht schaden und es darum geht Andersartigkeit anzunehmen, glaube ich, ist es wichtig, den richtigen Schritt zu wagen. Schlussendlich ist eine Auflehnung gegen etwas immer auch ein innerer Unmut, der dadurch zum Ausdruck gebracht wird. Wenn ich in mir und mit mir in Frieden bin und mich voll annehme, kann ich auch die Dinge um mich herum annehmen, die vielleicht nicht meiner Meinung entsprechen. Hätte ich – und auch meine Mutter – nicht diese Einstellung dem Leben gegenüber, könnten wir nicht in einem Raum sitzen. Ich bin dankbar um all die wertvollen Jahre der Harmonie. Nur das zählt für mich. Sie lässt mich leben und denken, was ich will, und ich tue dasselbe bei ihr. Das ist echter Frieden und Freiheit.

Das Leben schickt dir deshalb Menschen und Situationen, damit du auch gewisse Dinge lernen kannst. Mich hat das Leben mit meiner Mutter und ihrem Glauben gelehrt, mein Herz für verschiedene Ansichten zu öffnen, damit ich weicher und toleranter werde. Ich gehe mit einem offenen Herzen und einem offenen Mind durchs Leben. (Der Begriff «Mind» bedeutet so viel, wie «Verstand») Das ist für mich eine intensive Erfahrung von Freiheit in seiner reinsten Form.

Als ich mit sechzehn Jahren beschloss auszusteigen, war das nicht einfach. Doch dies war damals mein erster Schritt in Richtung Freiheit und Unabhängigkeit. Wenn ich meine Kinder im gleichen Alter sehe, erkenne ich die Wichtigkeit der Zugehörigkeit, die ich mit sechzehn verlor. Es war nicht einfach, es brauchte Mut und Kraft, um an sich zu glauben. Zur gleichen Zeit erkrankte ich an Magersucht. Was wieder eine Challenge für mich war, denn auch mit dieser Krankheit lernte ich meine Grenzerfahrungen kennen. Ich hungerte mich fast zu Tode und litt an Einsamkeit und Leere. Bis ich eines Tages beschloss, mich auch davon zu befreien. Wieder ein weiterer Meilenstein in Richtung Freiheit und Unabhängigkeit. Jeder, der jemals unter Magersucht gelitten hat oder die Krankheit kennt, weiß, wie einengend die Gedanken sind und in welchem mentalen Gefängnis man sich befindet. In dem auch ich damals gefangen war. Viele Menschen behaupten, dass man sich niemals zu hundert Prozent von der Magersucht erholen kann. Ich bin anderer Meinung. Ich glaube fest daran, dass wir uns von allem befreien können. Das größte Hindernis dabei ist allerdings ist das Thema Freiheit, denn hierbei spielt unsere eigene Limitierung eine tragende Rolle. Da ich mich bereits mehrfach aus festgefahrenen Mustern und Lebenssituationen, die stark und prägend waren, herausholen musste, weiß ich aus eigener Erfahrung, dass alles möglich ist. Ich habe es zu genüge erlebt, erfahren und getan.

Ich beschloss mit neunzehn Jahren von heute auf morgen wieder zu essen. Ich hatte zwei Jahre davor einige Therapien gemacht, die mir alle nicht halfen. Das Zurückgehen in meine Vergangenheit, bei dem ständig nach dem Wieso gesucht wurde, reaktivierte meine Geschichte. Auch mein Gefühl «ausgeliefert zu sein», wurde dabei nur stärker. Ich schaffte es nicht. Doch eines Tages machte es einfach klick. Ich stand auf und ich traf die Entscheidung, mich wieder wie ein gesunder Mensch zu verhalten. Klar war ich krank, das wusste ich damals auch. Doch das «Fake it, till you make it» war für mich die Lösung gewesen. Ich verhielt mich einfach, als wäre ich bereits gesund.

Das ist das, was ich heute in meinen Workshops lehre. Lebe es einfach, als wäre es bereits da. Doch viele limitieren sich mit dem Gedanken «Aber dann hintergehe ich mich ja selbst.»

Selbstverständlich tust du das, doch es ist eine Frage der Energie. Das heißt, wenn du dich nach dem Motto «als ob» verhältst, ziehst du diese Energie zu dir. Du wirst in Gedanken zu dem, was du sein willst. Du kennst bestimmt das Sprichwort «Das, was du heute denkst, bist du morgen.» Genau darum geht es. Dein Körper folgt deinen Gedanken. Das bedeutet, wenn du es stark genug glaubst und lebst, werden dein Körper und alle Muster sowie Konditionierungen dem Folgen, was du sein möchtest. Daher glaube ich fest daran, wir können alles erreichen und alles sein. Es ist nur eine Frage, ob wir es wirklich wollen und daran glauben. Im Endeffekt ist es nur wichtig, dass wir auch die Handlungen, die es dazu braucht, umsetzen. Mich hat diese Methode damals gerettet. Ich wusste nicht, dass dies dreißig Jahre später zu einem meiner wichtigsten Schlüsselerkenntnisse werden würde. Nichtsdestotrotz war es ein harter Kampf, den ich mit mir und meinen inneren Dämonen aufnahm. Doch ich habe es geschafft.

Zu meiner kleineren Schwester pflege ich ein inniges und starkes Band der Liebe. Ich liebe sie einfach. Wir hatten es nicht immer einfach und wir verloren viel. Wir mussten beide durch viele Herausforderungen gehen und doch es ist es schön zu sehen, wie stark sie dadurch geworden ist. Sie ist ein echter Freigeist. Wenn ich irgendwo Federn, Indianer oder Wälder sehe, weiß ich sofort, dort fühlt sie sich zu Hause. Wir sind sehr verschieden, aber der gegenseitige Respekt und die Achtung vor der Andersartigkeit und Toleranz haben uns offen dafür gemacht, unsere Wege zu respektieren und diese trotzdem gemeinsam zu gehen. Dafür danke ich ihr.

Als unser Vater völlig unerwartet im Jahr 2007 verstarb, schweißte uns dies noch mehr zusammen. Ich glaube fest an die Tatsache, dass immer zum richtigen Zeitpunkt die Hilfe für dich kommt. Du hast stets eine helfende Seele, wenn du Hilfe brauchst und wir beide haben uns gegenseitig durch diese schwere Zeit geholfen. Es war nicht einfach, weil wir beide damals noch jung waren. Wir hatten auch beide ein sehr gutes Verhältnis zu unserem Vater. Vor allem gab es noch einiges, was wir zusammen mit ihm erleben wollten. Doch wir machten das Beste aus unserer Situation.

Ich bin umgeben von vielen sehr guten Freundinnen und starken Frauen, die viel bewegt haben in ihrem Leben. Ich kann hier gar nicht alle erwähnen und doch würde ich es gerne tun. Weil jede von ihnen einen besonderen Platz in meinem Herzen hat. Sie lehren mich unglaublich viel, jede Einzelne. Ich bin ihnen sehr dankbar dafür. Dank ihnen darf ich die Erfahrung von echter Freundschaft machen. Ich glaube, dass jeder Mensch in seinem Leben irgendwo einen Soulmate hat. Das ist eine besondere Seele, bei der eine einzigartige Schwingung gegeben ist.

Manchmal kann diese Seele für einen gewissen Lebensabschnitt von Bedeutung sein und sie verlässt dich danach wieder. Dabei hinterlässt sie eine besondere Spur in deinem Leben. Eine wertvolle Spur, die dich unglaublich viel gelehrt hat. Manchmal bleibt sie aber auch ein Leben lang. Ich für mich habe eine besondere Seele in meinem Leben. Seit meinem elften Lebensjahr begleitet sie mich. Sie ist für mich eine Seele, die mich auf einer anderen Ebene berührt. Ich glaube, dass wir gemeinsam diesen Weg gewählt haben, damit wir beide wahre Freundschaft und eine besondere Liebe erfahren dürfen. Sie zeigt mir, was es heißt, im Gefühl zu leben. Dies ist jemand, der echt an dich und deine Fähigkeiten glaubt. Sie steht immer zu mir und es ist unglaublich, wie stark sie an mich und meine Mission glaubt. In den Momenten, in denen auch ich meine Zweifel habe, ist sie da und gibt mir Mut. Das ist sehr wertvoll. Ich wäre heute nicht da, wo ich bin, wenn sie nicht wäre. Es ist wie ein Wechselspiel. Sie lehrt mich auch, was Liebe bedeutet. Auf ihre Art. Ich staune immer wieder, wie einfach sie von Herzen lieben kann. Sie ist für mich ein wichtiger Wegweiser in meinem Leben. Und es ist schön, eine Seele wie sie an meiner Seite zu haben. Eine besondere Seele, die einen begleitet, ist immer wertvoll und dazu gedacht, um uns dorthin zu bringen, wo wir sein sollten. Achte auf die Zeichen in deinem Leben und lasse sie zu.

Viele Menschen verschließen sich und verpassen dadurch die Möglichkeit einer Bindung dieser Art. Sie verpassen aber auch viel Fülle, die von allein kommen würde, wenn sie offen wären. Daher glaube ich, dass es wichtig ist, den Kanal auf Empfang zu haben. Was so viel heißt, sei einfach offen und empfänglich für das Leben. Wenn du täglich ein Gefühl der Fülle in dir hast, wirst du unweigerlich Fülle erleben.

Mit knapp achtzehn Jahren lernte ich meinen Mann kennen. Wir heirateten im Jahr 2000 und ich wurde gleich nach der Hochzeit mit unserem ersten Kind schwanger. Alicia kam im Jahr 2001 zur Welt und im Jahr 2004 folgten meine Zwillinge Vanessa und Selina. Im ersten Moment war ich allein mit dem Gedanken Mutter von drei Kindern zu sein, überfordert, allerdings wusste ich zur damaligen Zeit bereits, dass jede Herausforderung im Leben eine Möglichkeit des Wachstums bietet. Und so packte ich das Ganze einfach an. Im Vertrauen, dass ich genau wusste, was ich zu tun habe – und es auch schaffen würde. Nach meinen drei Töchtern bekam ich noch eine weitere Tochter. Leonie kam im Jahr 2008 zur Welt. Im Alter von 36

Jahren und im Jahr 2011 kam schließlich mein Sohn Rafael zur Welt. Nun hatte ich fünf Kinder, davon vier Mädchen. Dies war und ist noch immer eine enorme Herausforderung.

Es war nicht immer einfach und ich musste einige Kämpfe überstehen, aber heute kann ich von mir behaupten, dass ich es tatsächlich geschafft habe. Eine unglaublich intensive Zeit. Da waren viele Kinder und mein Mann baute zeitgleich zwei große Unternehmen auf. Er wurde mit ihnen erfolgreich und wir konnten uns ein gutes Leben aufbauen. Im Jahr 2014 allerdings trennten wir uns nach vierzehn Jahren Ehe und im Jahr 2019 ließen wir uns scheiden. Seitdem erziehen wir gemeinsam unsere fünf Kinder und sind als Eltern ein absolut gutes Team. Wir unterstützen uns gegenseitig und er ist ein wichtiger Mensch in meinem Leben. Wir beiden wissen, egal was passiert, wir sind füreinander da. Es ist zu viel Geschichte, zu viel Bindung und auch zu viel Liebe, um sich im Herzen zu trennen. Die Verbundenheit bleibt. Wir möchten trotz der gegebenen Umstände unseren Kindern ein Vorbild sein. Und das sind wir auch. Wir zeigen ihnen täglich, was es bedeutet, Harmonie zu leben und auch gemeinsame Wege zu finden.

Als wir noch zusammen waren hatten wir viele Höhen und Tiefen erlebt und doch haben wir immer gemeinsam nach Wegen gesucht, an denen wir schließlich auch gewachsen sind.

Ich schätze unsere Freundschaft sehr und bin ihm für alles dankbar. Er und meine Kinder sind Familie. Meine Liebe zu ihnen ist unendlich. Auch danke ich meinen Kindern für alles, was sie mich täglich lehren. Ich habe fünf großartige Kinder und jedes ist auf seine Art einzigartig. Ich habe mir zum achtzehnten Geburtstag meiner Tochter an meinem linken Handgelenk ein kleines Tattoo stechen lassen. Es ist das Infinity Zeichen mit einer Feder. Die liegende Acht steht für die unendliche Liebe zu meinen Kindern, die immer da sein wird, egal was passiert. Die Feder steht für meine Freiheit. Meine Kinder sehe ich als meine größten Lehrmeister. Das heißt, meine Kinder haben mich gelehrt zu lieben, wütend zu sein, an Grenzen zu kommen, Trauer zu erleben, Glück zu erleben, Angst zu überwinden und vieles mehr. Ich habe alles mit ihnen erlebt und ich liebe sie von ganzem Herzen. Sie sind unglaubliche Wesen und ich bin als Mutter sehr stolz auf sie.

Für mich war das Ende meiner Ehe ein besonderes Ereignis, weil diese Erfahrung ein weiterer Schritt in Richtung Unabhängigkeit und Freiheit bedeutete. Nichts in meinem Leben hat mich dermaßen gelehrt, was echte Unabhängigkeit und Freiheit bedeutet, als das, was mir in den letzten Jahren widerfahren ist. Lass mich erklären, was ich genau meine.

Ich habe mich bereits in jungen Jahren gebunden und viele Kinder zur Welt gebracht. Da war einfach keine Zeit für mich. Ich hatte mir mit zwanzig Jahren überlegt studieren zu gehen, doch ich entschied mich bewusst dagegen. Als mein Mann und ich uns trennten, haderte ich mit der damaligen Entscheidung, weil ich mich dadurch in eine große Abhängigkeit begeben hatte. Hätte ich erst mein Studium beendet und gearbeitet, wäre es vielleicht einfacher gewesen sich zu lösen. Ich hätte einen «anständigen» Job ausüben können, denn nach knapp zwanzig Jahren ohne Berufserfahrung wieder im Büro zu arbeiten, war für mich unmöglich. Ich hätte wieder bei null anfangen müssen.

Meinen Mädchen habe ich aufgrund meiner Erfahrung immer gesagt «Lernt einen Job, in dem ihr auch parallel trotz Kinder gut in Teilzeit arbeiten könnt. Wenn du als Büroangestellte Teilzeit arbeitest, wirst du vielleicht nie eine großartige Stelle haben können. Doch wenn du dich zum Beispiel als Lehrerin, Sozialarbeiterin oder Psychologin ausbilden lässt, kannst du in Teilzeit immer eine gute Position belegen, die dir auch Spaß macht.» Daher erachte ich es als Vorteil für einen selbst, wenn man sich diese Dinge gut überlegt und schaut, dass man eine Berufswahl trifft, in der man später auch mit Kindern und als Teilzeitangestellte in einer guten Position arbeiten kann, die zudem gleichwertig mit einer Vollzeitstelle ist. Nehmen wir das Beispiel der Psychologin. Du kannst die Räumlichkeiten teilen oder eine eigene Praxis mieten. Dabei ist es ist egal ob du fünfzig, sechzig oder hundert Prozent arbeitest, denn deine Klienten werden dieselben sein.

Als ich mitten in der Trennung war und somit direkt im Geschehen, gab es Moment der Reue. Die kennst du vielleicht auch. Sätze wie «Hätte ich damals, wäre heute...». Doch diese Sätze haben bei mir zu nichts geführt. Im Gegenteil. Dieses Denken hielt mich in einer Opferhaltung gefangen, was mir persönlich überhaupt nichts brachte. Erst mit den Jahren erkannte ich den größeren Zusammenhang dieser Abhängigkeit. Ich erkannte auch den Grund, wieso ich mich damals intuitiv nicht für ein Studium entschieden hatte. Ich werde dir in den folgenden Zeilen erklären, wieso am Ende alles genau richtig war und wieso ich die Dinge so erleben musste.

Mein Mann gab mir viel Sicherheit. Ein Halt, den ich brauchte und auch einforderte. Auch gab er mir viel Anerkennung und Liebe. Alles Dinge, die ich nie gelernt hatte mir selbst zu geben. Ich war emotional auf ihn angewiesen. Er gab mir ein Gefühl, dass ich mir selbst nicht gab und nie gelernt habe zu geben. Durch die Trennung damals verlor ich seine emotionale Stütze in Form von Liebe und Anerkennung. Das war hart. Ich suchte gleich zu Beginn der Trennung danach im Außen. Erhoffte in neuen Männerbekanntschaften oder bei meinen Freundinnen diese verlorene Zustimmung zu finden. Bis mir bewusst wurde, dass ich diese Form der Zuwendung nur bei mir finden kann. Darüber werde ich in meinem Dialog mit dir viel reden. Lies einfach weiter.

Das wohl stärkste Gefühl, welches die Trennung in mir aktivierte, war der Verlust der Sicherheit. Plötzlich dazustehen und nicht zu wissen, wie es finanziell weitergeht. Auch die Abhängigkeit zu spüren war schwierig. Genau in diesen Momenten spürte ich die Reue. Hätte ich damals mein Studium gemacht, hätte mir dieser Umstand mehr Sicherheit gegeben. Ich hätte gewusst, wenn alle Stricke reißen, kann ich für mich und meine Kinder sorgen. Was die Situation zusätzlich noch verschärfte, war, dass ich aus meiner inneren Überzeugung heraus fest daran glaubte, dass eine Frau nur mit einem Mann an ihrer Seite überleben kann. Der Glaubenssatz lautete «Die Sicherheit ist nur gegeben, wenn der Mann für einen sorgt.» Dieser und andere Glaubenssätze waren tief in mir verankert. Woher die kamen, weiß ich heute, doch das Woher ist in diesem Kontext nicht wichtig. Sie waren einfach da. Und als die Trennung kam und im Anschluss die Scheidung folgte, zerfiel alles in mir. Es war, als würde ich komplett den Boden unter den Füßen verlieren. Die Tatsache, dass ich nichts in der Hand hatte, auf das ich zurückgreifen konnte, gekoppelt an diese stark verankerten Glaubenssätze, verschlimmerte meinen Zustand damals massiv.

Ich hatte Angst. Das größte Problem mit der Angst ist, dass sie ein unzuverlässiger Lehrer ist. Ihre Stärke hängt immer von der Nähe zu dir ab. Je weiter du dich von dem entfernst, was dir Angst macht, desto weniger bestimmt sie dein Leben. Diese Ängste waren im Grunde immer da gewesen. Wenn du dich in eine Abhängigkeit begibst, ist der Preis von dem, was du verlieren könntest, immens. Die Angst war jahrelang weit weg von mir und plötzlich war sie für mich real geworden. Sie war da. Die Trennung hat alles herausgeholt, was ich ohnehin in mir hatte. Und allem Anschein nach wollte das Leben von mir, dass ich dies in mir heile, sonst wären all diese Dinge nicht geschehen.

Wenn du in deiner Angst gefangen bist, macht dein Gehirn sehr viele Dinge. Wie ich im vorigen Kapitel beschrieben habe, finden chemische Prozesse statt, die man auch messen kann und in denen nachweislich Stress in Kombination mit der Angst die Denkweise beeinflusst. Du denkst nicht mehr klar. Du reagierst nur noch aus dem primitiven Gehirn heraus, wie ein Tier, das angeschossen wurde und aus der Not heraus durch die Gegend rennt. Genauso erging es mir. Obschon vieles von dem, wovor ich Angst hatte, nicht real war, fühlte es sich für mich real an. Der Verlust der Sicherheit hatte dermaßen etwas in Gang gesetzt, dass mir die Klarheit fehlte. Mich da rauszuholen und aufzubauen war für mich ein großer Prozess gewesen. Und obschon es sehr schwierig war, waren genau all die Dinge gleichzeitig der wichtigste Schlüssel zu meiner Unabhängigkeit. Heute weiß ich, dass ich diese Erfahrung gebraucht habe, um noch kraftvoller in meine Stärke zu kommen. Weil ich dadurch bewusster meine innere Sicherheit auf anderen Säulen aufbauen musste. Und zwar auf Säulen, die nichts mit anderen Menschen oder Dingen zu tun hatten. Auch musste ich lernen, dem Leben zu vertrauen und loszulassen. Das Studium und das Zurückgreifen auf einen soliden Job hätten mich nie die Entwicklung machen lassen, die ich durchlebt habe. Denn es ist sehr viel schwieriger, eine innere Sicherheit aufzubauen, wenn im Außen viele Dinge nicht gegeben sind und du obendrauf noch eigene mentale Konstrukte hast, die dich limitieren.

Grundsätzlich sind Erwartungen, die viele Frauen an ihren Mann stellen, eine große Herausforderung für die Beziehung. Sowohl für sie selbst als auch für den Mann. Auch ich habe in früheren Jahren diese hohen Erwartungen an meinen damaligen Mann gestellt. Und dies hat nichts mit Seelenfreiheit zu tun, mit der ich Jahre danach in Kontakt kam. Leider wissen viele Frauen nicht davon oder sie wissen zwar davon, aber ihre Erwartungen bleiben trotzdem bestehen. Ich bin der Meinung, dass die Beziehung an solchen Erwartungen erstickt. Weil es einfach zu viel ist und wir nicht dafür gedacht sind so zusammenzuleben. Jegliche Erwartung in einer Beziehung ist ein Killer. Wir alle sind individuelle Wesen und es ist nicht die Aufgabe von jemand anderen, deine inneren Mängel zu füllen. Dadurch entstehen keine gesunden Beziehungen. In meinem Buch «Das Power Frauen Prinzip» habe ich diese Art von Beziehung «Gebraucher-Gemeinschaften» genannt. Weil es für mich genau das ist. Es sind Beziehungen, in denen der eine vom anderen etwas braucht, um seine eigenen Bedürfnisse zu befriedigen.

Bedenke immer, was Liebe ist. Liebe erstickt, wenn sie eingeengt wird. Liebe ist ein Gefühl, das Atmen will. Ein Gefühl, dass frei sein möchte. Leider binden wir das Gefühl der Liebe an die Beziehung. Und denken fälschlicherweise, dass echte Liebe uns diesen Halt geben muss. Wir denken, wenn uns ein Mann liebt, macht er dies oder jenes für uns. Doch sobald wir so denken, ist die Liebe nicht mehr frei, sondern an Bedingungen geknüpft. Wir verlangen vielleicht, dass der Mann uns jeden Tag mindestens einmal – besser noch öfter – sagt, dass er uns liebt. Er muss uns seine volle Aufmerksamkeit schenken. Blumen dürfen nicht fehlen, weil wir uns dann wichtig und angenommen fühlen. Dieses Denken ist ein Konstrukt unseres Egos

(Verstand), dass uns zurückhält. Ein bedürftiges Ego, dass dauernd nach Bestätigung sucht und es braucht, von außen seine Bedürfnisse befriedigt zu bekommen.

Echte Entwicklung findet dann statt, wenn wir realisieren, dass echte freie Beziehungen losgelöst sind von Erwartungen. Doch alles ist ein Weg. Auch ich brauchte meine Zeit, um dies mit dem Herzen zu erfassen. Ich realisierte diese Dinge damals nicht. Ich war unterwegs und hatte diese Gefühle in mir. Wenn ich es bekam, war ich happy, wenn nicht, war ich unglücklich. Es war ein Auf und Ab. Weder ich noch die Beziehung fühlte sich frei an!

Wie ich bereits geschrieben habe, für mich war es ein steiniger Weg, dies alles zu erkennen, doch ich bin Schritt für Schritt vorangegangen. Ich habe nach der Trennung viel erlebt in meiner Rolle als Partnerin. Ich war damals fortwährend auf der Suche nach der Sicherheit, Anerkennung und Liebe, die ich verloren hatte. Doch vergebens. Das Universum schien andere Pläne für mich zu haben. Obschon ich mich so sehr bemühte eine super großartige Partnerin zu sein, erhielt ich von außen nicht das, was ich mir erhoffte. Meine ganzen Bemühungen entfernten mich von mir. Was auch mehr als logisch ist. Denn gefallen zu wollen, um etwas zurückzubekommen, ist kein Weg, der zu echter Freiheit führt. Im Gegenteil. Dieser Weg hat nichts mit Liebe zu tun. Du machst dich damit abhängig und verlierst dadurch unter anderem deine Authentizität.

Das Leben ist kein Tauschgeschäft, nach dem Motto «Ich gebe dir das, dann kriege ich dies zurück.» Damit erschaffst du eine Liebe, die an Bedingungen geknüpft ist. Bedingungslose Liebe, ist die Liebe, die echt ist. Alles andere ist ein Konstrukt vom Menschsein, was uns niemals zur echten Freiheit führen wird. Jede Seele sucht an sich nach einer inneren Freiheit. Dieses «falsche» Denken, was Liebe ist, führt nicht zu einer wahrhaftigen, freien Beziehung. Das Leben wird dir immer wieder die Möglichkeit bieten, dich davon zu befreien. Denn jede Beziehung ist das perfekte Übungsfeld, um immer wieder herauszufinden, was Liebe ist – oder eben auch nicht ist.

Heute, wenn ich auf alle meine Erfahrungen zurückblicke, weiß ich, es war genau richtig. Alles, was ich durchmachen musste, kam genau zur richtigen Zeit. Hätte ich beispielsweise sofort jemanden nach der Trennung kennengelernt, der mir Sicherheit, Liebe und Anerkennung gegeben hätte, hätte ich nie diese Entwicklung durchgemacht. Ich wäre mit größter Wahrscheinlichkeit, wenn ich zurückblicke, auf Anhieb wohlgesonnen in die gleiche Struktur gegangen, die ich kannte. Somit hätte sich niemals die Entwicklung in Gang gesetzt, die ich machen durfte oder auch machten musste.

Das Universum schickt einen immer die richtigen Seelen, um die notwendige Entwicklung zu machen, und um dorthin zu kommen, wo du hingehörst. Daher merke dir, anstatt auf deinen Partner zu zeigen und im Mangel zu sein über all die Dinge, die dir von ihm fehlen, schaue genau hin und frage dich, was genau dir fehlt. Sind es Dinge, die du dir selbst geben könntest oder auch solltest? Hättest du die Fähigkeit, dir diese Dinge selbst zu geben, wie frei wärst du?

Wie ein Phönix aus der Asche, habe ich mich immer wieder aufgebaut und habe alle meine Erfahrungen, die ich gemacht habe, genutzt. Tag für Tag habe ich diese innere Sicherheit in mir aufgebaut, bis ich eines Tages an den Punkt kam, wo ich für mich wusste, dass ich keinen Mann mehr brauchen werde um mich sicher, anerkannt und geliebt zu fühlen. Ich habe in mir meine Sicherheit, Liebe, Anerkennung und alles gefunden, was es braucht, um frei zu sein.

Diese Dinge zieht auch jemand in dein Leben. Der, der dieselbe Fülle in sich trägt. Nur daraus kann eine Bindung entstehen, die auf Augenhöhe beruht. In der sich jeder frei entfalten darf, ohne etwas vom anderen zu erwarten. Ohne dass der eine dem anderen irgendetwas geben muss. Zwei Freigeister, die aufeinandertreffen. Die bereit sind sich zu binden, auf ihre eigene, freie und wilde Art. Nach ihren eigenen Regeln. Frei und unabhängig in Liebe.

Mich hat mein Weg stark gemacht und ich hoffe, ich konnte dir mit meiner Ehrlichkeit ein Stück von dem mitgeben, was mich all die Jahre stark gemacht hat.

Vierter Teil

ERKENNE DEINE LEBENSMISSION UND LEBE DEINE WEIBLICHKEIT

Wie ist meine Mission entstanden? Und was genau ist meine Mission? Erst einmal möchte ich damit starten, dass ich dir erkläre, was eine Mission ist. Eine Mission ist ein Auftrag, den wir zu erfüllen haben. Man kann auch sagen, es kann ein Lebensauftrag sein, den du in diesem Leben zu erfüllen hast. Ein Lebensauftrag kann verschiedene Aspekte haben. Dadurch, dass ich in meinem Leben auf verschiedenste Weise immer wieder mit dem Thema der Unabhängigkeit und Freiheit konfrontiert wurde und dadurch, dass mir auch von allen Seiten gesagt wurde, ich sei dazu berufen, dies nach außen zu tragen, wurde mir mit der Zeit klar, dass ich darüber Bücher schreibe und Seminare halten werde. Um Menschen auf diesen Pfad zu bewegen und zu inspirieren. Zusammengefasst bedeutet es, dass mich meine Geschichte zu meiner Mission geführt hat. Der rote Faden, von dem ich bereits gesprochen habe, sowie alles, was ich erlebt habe und die Begegnungen mit spirituellen Heilern, Schamanen, Medien – und vor allem mit meinem eigenen Leben – haben mich dazu bewegt, meine eigene Mission zu erschaffen. Dies tue ich, um einzig die Frauenwelt zu revolutionieren.

Dies ist mein Lebensauftrag:

Unabhängigkeit und Freiheit zu lehren!

Schlussendlich muss jeder Einzelne, wie auch du, für dich selbst entscheiden, ob du meine Botschaft annehmen möchtest oder kannst. Denn es hat manchmal nicht einzig mit dem Willen zu tun. Viele Menschen wollen gewisse Dinge erreichen, doch es fehlt ihnen am Können. So ist es leider. Und das ist überhaupt nicht wertend gemeint. Ich möchte auch nicht, dass es so interpretiert wird. Weil ich meinen tiefsten Respekt vor jedem Menschen habe und ich mich mit hoher Achtung vor jedem einzelnen Individuum verneige. Hinter jedem Menschen steckt eine Seele, die genauso ihre Erfahrungen machen möchte. Ich halte es für anmaßend über jemand anderen zu urteilen, an welcher Stelle er nun steht oder nicht. Hinter dem Schleier der Wunden und Macken sollten wir immer die Unschuld eines jeden Individuums erkennen.

Entwicklung kannst du nicht erzwingen. Nicht jede Seele inkarniert in dieses Leben, um große Sprünge zu machen.

Manchmal inkarnieren wir auch um zu sein.

Darum sage ich immer wieder – und ich möchte es dir nochmals in Erinnerung rufen – das Leben ist deine größte Lebensschule.

Das Leben zeigt dir immer, was deine Seele an Entwicklung durchmachen möchte. Da musst du nicht denken oder suchen. Erkenne einfach die Zeichen. In einem wachen Zustand wirst du alles erkennen.

Darum liegt es nicht in unserem Ermessen über andere zu urteilen. Oder sie zu verurteilen, weil sie gewisse Entwicklungsschritte nicht machen können. Das mag im Außen manchmal so wirken, als wollten sie nicht, doch manchmal können sie es einfach nicht. Dies hat meist nichts mit Ignoranz zu tun, sondern viel mehr mit der Seelenintention, denn für manche Menschen genügt es einfach zu sein. Auch das sie sich in den Wiederholungen verzetteln, gehört zu ihrem Dasein. Diese Menschen werden sich dann einfach in einem weiteren Leben entwickeln. Daher sage ich immer wieder, bleib einfach bei dir. Schaue, dass du deine eigenen Schritte machst und schaue nicht nach rechts oder links, um zu sehen, was andere machen. Das ist nicht wichtig. Wichtig ist, dass du deinem Seelenplan folgst. Damit übst du Demut, Mitgefühl und Toleranz. Du lernst offen für andere zu sein. Und nebenher lernst du, sie so zu lieben, wie sie sind.

Viele Menschen suchen ein Leben lang nach dem Sinn ihres Lebens. Sie besuchen unzählige Seminare oder orientieren sich an einem Guru, der ihnen das große Geheimnis offenbart. Meiner Erfahrung nach braucht es das alles nicht. Was ist, wenn ich dir jetzt verrate, was der Sinn deines Lebens ist? Was ist, wenn ich dir sage „Der Sinn deines Lebens liegt in dir und verändert sich permanent?" Enttäusche ich dich mit dieser Antwort? Hast du etwas Machtvolleres erwartet? Hast du erwartet, dass es etwas Größeres ist? Nun ja, der Sinn liegt tatsächlich in dir und unterliegt der Veränderung, denn er ist keine To-do-Liste. Das heißt, der Sinn des Lebens ist nichts, das wir machen und abhaken können, wenn es erledigt ist, denn er ist nie erledigt! Der Sinn des Lebens dauert ein Leben lang an, denn wir haben viele verschiedene Lebenssinne. Letztlich gibst du jedoch deinem Leben den Sinn, den du ihm geben möchtest.

Manche Menschen sehen ihren Sinn in einer bestimmten Rolle, die sie leben, wie beispielsweise Muttersein oder Vatersein. Andere in ihrem Beruf, im Hobby, oder in der Zeit mit Freunden. Es ist immer individuell. Ein Lebenssinn kann auch dann eintreten, wenn wir eine besondere Aufgabe annehmen. Dies kann die Pflege eines kranken Menschen sein oder das Begleiten von Menschen, die durch schwierige Lebensphasen gehen. Vielleicht sehen wir unseren Sinn in der Tätigkeit als Heiler oder Helfer. Vielleicht fungieren wir aber auch als Vorbild für bestimmte Menschen.

Hast du dir schon mal überlegt, dass sich der Sinn im Leben je nach Lebensphase verändert? Daher kann man auch sagen, der Lebenssinn verändert sich, je nachdem, wo du gerade in deinem Leben stehst. Dies bedeutet, dass es vielleicht nicht nur einen Sinn im Leben gibt, sondern sehr viele.

Eine Aufgabe oder Rolle, die du heute machst oder lebst und als deinen Lebenssinn siehst, kann sich nach einer gewissen Zeit auflösen. Daraus entsteht vielleicht vorübergehend eine Leere. Dies Leere betiteln viele Menschen als Lebenskrise. Sie wollen so schnell wie möglich eine neue Aufgabe und suchen zum Teil verbissen danach.

Der Samen jeder Lebenskrise steht für einen Neubeginn.

Gehe weise mit Lebenskrisen um, in meinen Augen sind sie immer sehr lehrreich und dementsprechend auch wertvoll. Es ist nicht immer von Vorteil, wenn man so schnell wie möglich nach einem Ausweg sucht. Manchmal ist es auch gut und förderlich, einfach einen Moment innezuhalten und zu abzuwarten. Schaue in dieser Pause, die du dir und dem Leben gibst, wie sich dein Leben ohne Einwirkung von außen allein entfaltet. Lasse los. Nur so entstehen neue Möglichkeiten.

Wenn du offen und geduldig bist, ergibt sich für dich genau das Richtige. Daher vertraue. Wir werden immer wieder vom Leben aufgefordert geduldig zu sein und zu warten. Meiner Erfahrung nach lohnt es sich immer wieder, zwischendurch einfach mal innezuhalten und sich dem Flow hinzugeben.

In einer Zeit wie dieser kann auch schlicht und ergreifend die Freude der Sinn des Lebens sein. Dies ist für viele Menschen herausfordernd. Wir empfinden es als unspektakulär, unser Dasein auf die Freude zu reduzieren. Doch überlege mal, wie schön das Leben sein kann, wenn du jeden Tag deinen Lebenssinn auf die Freude reduzieren würdest. Damit würdest du alles machen, was dir Freude bereitet. Du würdest dir selbst treu bleiben, weil das Leben einen nur Freude bereitet, wenn du deinem Herzen folgst. Du würdest nein sagen, wenn du ein nein in dir spürst.

Doch wenn wir ehrlich sind, verbringen wir viel Zeit mit sinnlosen Tätigkeiten, die uns wenig, bis gar keine Freude bereiten. Doch es wird so von uns erwartet oder verlangt, deshalb machen wir das Spiel mit. Wenn du ehrlich zu dir selbst bist, spürst du, dass dies nicht der Sinn und Zweck deines Daseins ist. Sollte das Leben nicht ein Tanz der Freude sein? Ein Tanz, bei dem du jeden Tag Freude verspürst, einfach deinen Leidenschaften nachgehen darfst und deine wahre Essenz leben kannst? Ich meine damit nicht, dass du Hals über Kopf deinen Job an den Nagel hängen sollst, schließlich musst du für deinen Lebensunterhalt sorgen. Doch ich appelliere an deine innere Stimme und dein Herz. Höre auf sie und alles wird gut. Wenn dein Job nicht zu dir passt, fasse Mut und probiere etwas Neues aus. Wenn dies nicht möglich ist, sei kreativ und kreiere einen stärkenden Alltag, der dir trotzdem Freude bereitet. Jede Veränderung in deiner inneren Einstellung ist gerade zu Beginn schwierig, doch was willst du stattdessen tun? Was sind die Alternativen? Wäge immer für dich ab, denn das Leben ist, wie es ist.

Wir haben immer zwei Möglichkeiten. Entweder, wir bewegen uns auf der Seite, auf der wir jammern und uns als Opfer sehen. Oder wir leben auf der Seite des Erschaffens. Die Seite des Lebens, auf der wir kreativ sind und uns jeden Tag neu erschaffen.

Ich war lange Zeit Hausfrau und stets mit meinen fünf Kindern beschäftigt. Tagein, tagaus, immer wieder dasselbe. Die Routine kann manchmal sehr zermürbend sein. Doch was hätte ich tun sollen? Meine Kinder auf die Straße setzen und mir einen neuen „Job" suchen? Nein, das kam nicht in Frage. Also musste ich mich mit dieser Aufgabe zurechtfinden. Wie habe ich das getan? Ich habe an meiner Einstellung gefeilt. Damit meine ich, ich änderte meine Gedanken zu meiner Aufgabe, meinem Alltag, zu allem. Wenn du jeden Tag mit denselben negativen Gedanken verbringst, kann sich nichts Neues entwickeln. So änderte ich schließlich meine Einstellung und das half mir, meinen Alltag mit anderen Augen zu betrachten. Ich wurde kreativ und kreierte mir einen Alltag, der mir Freude bereitete.

Ich möchte dich dazu einladen, dasselbe zu tun.

Finde in deinem Alltag und in deinem Dasein Freude. Ich denke, der wohl tiefere Sinn unseres Daseins ist schlichtweg auch, dass Glück zu finden, das in uns liegt, unabhängig von dem, was sich im Außen befindet oder wo wir sind. Viele Menschen verbringen ein Leben lang damit den Sinn zu suchen. Sie erkennen dabei nicht, dass der Sinn vor ihnen liegt. Öffne deine Augen und suche nicht, es ist bereits alles da.

Ich habe in meinem Leben viele Veränderungen erlebt und es war oft turbulent. Ich habe mit der Zeit für mich entschieden, dass ich in der Veränderung gerne auch die Konstanze entdecken möchte. Wie ich bereits am Anfang meines Buches gesagt habe, die Veränderung an sich ist etwas Natürliches. Einzig wir sind es, die es zu einem unnatürlichen Ereignis machen, weil wir oft gegen Veränderungen ankämpfen. Wir denken zu wissen, wie die Dinge sein sollten, anstatt sie so zu lassen, wie sie sind. Wir klammern uns an Erinnerungen, anstatt zuzulassen, dass auch neue Dinge entstehen können. Wir glauben, dass in diesem Leben etwas dauerhaft ist, und daran halten wir fest, obschon wir alle genau wissen, es ist eine Illusion. Nichts ist konstant. Alles geht irgendwann vorbei. Im Prinzip liegt es an uns zu erkennen, dass nach jeder Veränderung auch wieder etwas Neues entstehen kann. Es ist immer eine Tür zu, die sich jedoch für etwas Neues öffnet. Ich denke, dass die vielen Veränderungen, die ich persönlich erlebt habe, mich dazu geführt haben, meine Mission zu erschaffen. Meine eigene Mission. Die auf der Kraft der Weiblichkeit beruht.

Daher möchte ich mit dir die Kraft der Weiblichkeit etwas näher anschauen. Wie du bereits weißt, habe ich vier Mädchen geboren und ich stamme aus einer starken, weiblich geprägten Familie. Ich möchte dir hier meine eigene Definition von Weiblichkeit näherbringen. Nicht die, die du vielleicht aus anderen Büchern kennst, denn es geht hier um mein Universum, dass ich dir zeigen möchte. Ob es falsch oder richtig ist, weiß ich nicht. Ob es eine bessere Definition gibt? Bestimmt. Doch ich kenne sie nicht. Ich habe mich ehrlich gesagt nicht damit befasst. Weil ich keine Kopie von jemand anderem sein möchte, sondern ein Original. Die anderen Definitionen kannst du woanders lesen, hier möchte ich dir meine mitgeben. Lass es einfach auf dich wirken.

Ich glaube, im Leben gibt es kein Richtig oder Falsch oder ein Besser oder Schlechter – es ist alles eine Frage der Betrachtung. Ich bin grundsätzlich der Meinung, dass alles, was an uns herangetragen wird, einfach das ist, was es ist. Ich versuche immer mit einer offenen Einstellung durchs Leben zu gehen und möglichst wenig zu urteilen. Ich habe auch meine Meinung zu gewissen Themen, doch ich halte nicht stur daran fest und bin flexibel. Wenn ich diese Meinung bei anderen vertrete, sagen viele, mir würden mit dieser Ansicht Ecken und Kanten fehlen. Ich finde, dies ist wieder eine Frage der Perspektive, denn ich bin der Meinung, ich habe ganz viele spannende Ecken und Kanten. Vielleicht sind sie einfach etwas runder und lassen sich auch formen. Wie gesagt, eine Frage der Betrachtung.

Zurück zum Thema Weiblichkeit. Lass uns mit der Frage einsteigen «Was bedeutet für mich Weiblichkeit?»

Die Kraft der Weiblichkeit wurde schon immer in der Menschheitsgeschichte unterdrückt. Unsere Zellen erinnern sich daran, dass wir vor nicht allzu langer Zeit noch auf dem Scheiterhaufen gelandet sind und mit anderen Foltermethoden zu Gehorsam gezwungen wurden. Wenn sich eine Frau auflehnte oder sich selbst leben wollte, wurde sie bestraft. Dies sitzt tief verankert im kollektiven Bewusstsein der Frauen. Daher entsteht oft schon eine Grundangst, wenn sie sich selbst leben möchte. Sie ist geplagt von Schuldgefühlen. Das ist ein starkes Hindernis, um wahrhaftig in die eigene Weiblichkeit zu kommen. Daher möchte ich dich dazu einladen, deine innere Weiblichkeit zu entdecken, denn sie lebt in dir. Diese Urkraft ist bereits in dir vorhanden.

Du musst sie nur aktivieren und ihr Raum geben, dann findet sie von allein ihren Ausdruck. Suchen musst du sie nicht, sie lebt bereits in dir.

Niemand kann sie für dich finden. Nur du kannst das. Spüre die Energie hinter meinen Worten. Spüre die Kraft, die bereits in dir wohnt.

Um unsere Kraft wieder zu finden, müssen wir lernen, unsere innere Wahrheit zu leben. Die Wahrheit darüber, wer wir wirklich sind, was wir wollen und was in uns geschieht. Dies müssen wir mit Mut und Integrität leben.

In den letzten dreißig Jahren galt es für Frauen in erster Linie, sich neben der Rolle als Ehefrau und Mutter auch beruflich zu behaupten. Da war Weiblichkeit leben eher hinderlich. Männliche Charaktereigenschaften wie Zielstrebigkeit, Härte, Aktivität und Durchsetzungsfähigkeit halfen, berufliche Ziele zu erreichen und mit den Männern mitzuhalten. Leider auf Kosten der Weiblichkeit.

Doch heute leben wir in einem neuen Bewusstsein. Die Energien haben sich massiv gewandelt und es ist Zeit, sich einer neuen Weiblichkeit zu öffnen. Einer Weiblichkeit, die beide Seiten gesund und ausgeglichen integriert. Ich finde den Ursprung im Yin und Yang immer sehr schön und passend. Weil genau darin das widergespiegelt wird, was wir sind. Wir sind hell und dunkel, wir sind hart und weich, wir sind aktiv und ruhig – wir sind Alles.

Die Balance ist das Einzige, was uns in unsere echte Weiblichkeit bringt.

Für mich persönlich war es in gewissen Zeiten auch immer wieder eine Herausforderung, diese Balance zu halten. Weil wir oft als alleinerziehende Mütter auch eine starke, männliche Rolle einnehmen müssen. Dies kann unsere Weiblichkeit untergraben. Umso wichtiger ist es, die weiblichen Aspekte zu suchen und sie auch zu integrieren.

Zusammengefasst verstehe ich unter Weiblichkeit zwei Dinge:

1. Die Balance zwischen den männlichen und weiblichen Aspekten:

Unter Weiblichkeit verstehe ich eine Frau, die mit ihrer weiblichen Urkraft verbunden ist. Sie ist weise, liebevoll, kraftvoll, still, friedlich, voller innerer und klarer Kraft.

Außerdem ist sie strahlend schön, voller Selbstbewusstsein, liebt sich selbst, ist frei und wunderbar. Sie lebt ihre Weiblichkeit. Sie ist sinnlich, verspielt, sexy und weich. Sie ist geerdet, verbunden mit der Mutter Erde. Sie ist in ihrem Herzen und weniger im Verstand. Sie spürt und fühlt sich durch das Leben. Sie kennt sich und ist mit sich verbunden.

Sie integriert jedoch auch ihre männlichen Aspekte. Sie weiß, dass das Leben nach Ausgleich sucht. Eine Frau, die mit ihrer weiblichen Urkraft verbunden ist, hat auch eine männliche Kraft in sich. Sie integriert diese, um im Gleichgewicht zu bleiben. Die männlichen Aspekte sind die Aktivitäten, die es braucht, um ins Handeln zu kommen oder die Härte, die es manchmal braucht, um sich durchzusetzen.

2. Die göttliche, unabhängige, männliche und weibliche Energie:

In diesem Zusammenhang möchte ich dir schreiben, dass es in jedem von uns auch eine echte, vom Menschen unabhängige göttliche, weibliche und männliche Energie gibt. Sie ist unabhängig von unserem menschlichen Dasein. Diese göttliche Energie ist rein und echt. Sie ist einfach. Wenn du dich mit ihr verbindest, musst du nichts mit deinem Kopf steuern oder manipulieren, um ausgeglichen zu sein. Du bist einfach. Spüre dies in dir. Schließe einen Moment deine Augen und spüre diese Energie der Balance zwischen dem göttlichen, weiblichen und männlichen in dir. Sie ist pur. Sie ist echt. Deine Seele erkennt diese Balance – die weiblichen wie auch die männlichen Aspekte – in dir. Verbinde dich einfach immer wieder damit. Viele Menschen fragen mich «Was ist diese Energie? Von was sprichst du?» Ich antworte dann «Du musst sie nicht mit dem Verstand verstehen können, du erfasst meine Worte mit deiner Seele. Deiner inneren Weisheit. Sie weiß, wovon ich spreche. Daher lasse einfach los. Du musst es nicht erfassen oder verstehen. Manchmal versteht man gewisse Dinge im Leben auch erst mit der Zeit. Daher lass diese Worte einfach stehen.» Ich wollte sie dir schreiben, damit auch du sie gehört hast. Doch warte erst einmal ab, schaue dem Leben zu. Irgendwann wirst du dich an diese Worte zurückerinnern und sie verstehen.

Das Thema Weiblichkeit war für mich mein Leben lang stark präsent. Wie ich am Anfang meines Buches geschrieben habe, habe ich haitianisches Blut in mir. Meine Vorfahren waren alles sehr starke Frauen. Meine Urgroßmutter, meine Großmutter sowie meine Mutter. Meine Mutter ist eine so unglaublich starke Frau. Sie hat in ihrer Kindheit vieles erlebt und sie musste aus Haiti in die USA flüchten, um mit ihrer Mutter und ihrer kleinen Geschwister ein neues Leben aufzubauen. Sie konnte viele Jahre nicht zur Schule gehen und musste nach ihren Geschwistern schauen, damit ihre Mutter Geld verdienen konnte. Sie lernte meinen Vater erst kennen, als er als Austauschschüler aus der Schweiz nach New York kam, um an der Universität Medizin zu studieren. Meine Mutter war zur selben Zeit an der Uni und studierte Psychologie. Sie verliebten sich und zog mit ihm in die Schweiz. Eine sehr romantische Geschichte.

Mein Vater verstarb als sie knapp fünfundfünfzig Jahre alt war. Sie waren eigentlich beide noch jung und sie hatten noch so vieles gemeinsam geplant. Doch meine Mama ließ los und baute sich ein eigenes Leben auf. Sie ist seither allein, aber zufrieden mit ihrem Leben. Sie hat nie nach einem Ersatz für meinen Vater gesucht. Sie hat in sich selbst Liebe, Glück und Zufriedenheit aufgebaut. Deshalb ist sie für mich ein echtes Vorbild. Sie hat alle Hürden gemeistert, die ihr das Leben mitgegeben hat und für mich wurde sie, vor allem in den letzten Jahren, immer wichtiger.

Als ich durch meine Trennung und Scheidung ging, war sie eine wichtige Stütze für mich. Gerade auch deshalb, weil ich vor allem in dieser Zeit mütterliche Liebe und Geborgenheit brauchte. Genau das sind die Momente im Leben, in denen du dich nach deinem Ursprung sehnst. Mit fünf Kindern und dieser großen Aufgabe und Herausforderung, tat es unheimlich gut, sich zwischendurch mal fallen lassen zu können. Einfach wieder mal Kind zu sein. Genau das darf ich bei meiner Mama und das tut mir unheimlich gut. Sie hat mich während dieser Zeit auch immer wieder an meine Stärken und an meinen Ursprung erinnert. Dafür bin ich ihr unheimlich dankbar.

Nun bin ich selbst Mutter von fünf Kindern, davon vier Mädchen. Es ist einfach wundervoll. So viele weiblichen Kräfte, die mich umgeben. Alle meine Mädchen sind in sich schon stark und sie verkörpern eine Weiblichkeit im neuen Bewusstsein. Eine Klarheit, in der sie genau wissen, was sie wollen. Sie sind Rebellinnen der neuen Zeit. Was verstehe ich unter Rebellinnen? Damit meine ich nicht die Art von Frauen, die eine Emanzipation leben, in der sie alle Männer platt machen und ihr Ding durchziehen. Ich rede hier von Rebellinnen der echten Weiblichkeit. Ich beobachte eine neue Art der Weiblichkeit in ihnen. Sie rebellieren das Alte und erschaffen Neues. Sie gehen wieder zurück in die echte Weiblichkeit, der Echtheit dessen, was eine Frau verkörpert. Sie verbinden sich mit dieser göttlichen Energie in uns, die einfach gegeben ist. Sie fließt in ihnen, ohne Anstrengung oder der Intention, irgendwo oder irgendetwas erreichen zu müssen oder zu wollen. Sie sind einfach.

Meine älteste Tochter zum Beispiel ist stark mit der Natur verbunden und sucht dort immer wieder nach Antworten. Sie fühlt die Mutter Erde und sorgt sich um sie. Sie lehrt mich unglaublich viel in Bezug auf ihre Weiblichkeit. Sie lebt sie ganz anders als ich es tue. Sie ist stark darauf bedacht, nichts an ihrer eigenen Natürlichkeit zu verändern. Sie nimmt ihren Körper und ihr Dasein als das an, was sie ist. Was sie stark erdet, und verbindet mit den weiblichen Kräften, die ohnehin schon in ihr sind. Das beeindruckt mich und ich habe große Achtung vor ihr. Dass ich sie nun speziell erwähne, hat nichts damit zu tun, dass die anderen weniger einzigartig oder anders sind. Sie ist bereits einundzwanzig Jahre alt. Da beobachte ich, dass man in diesem Alter die Pubertät weitgehend abgeschlossen hat. Dieses ganze Chaos an Gefühlen wird weniger, was automatisch mehr Raum für anderes gibt. Daher denke ich, wird der Wechsel des Bewusstseins auch bei meinen anderen Töchtern noch kommen. Auf ihre Art. Ohne dies zu bewerten. Sie sind zurzeit immer noch in der Pubertät und befinden sich noch Mitten in ihrer Entwicklung.

Nun möchte ich mit dir über den Seelenplan reden. Deine, wie auch meine Seele, hat gewisse Intentionen. Damit meine ich, es gibt Erfahrungen, die sie für ihre eigene Entwicklung in diesem Leben erleben möchte. Ich halte es für sehr wichtig, dass wir dieser Seelenintention auf die Spur kommen, denn sie ist wie ein roter Faden, der dir helfen wird, dein Leben besser zu verstehen. Wenn du die größeren Zusammenhänge dessen, wozu du hier bist, verstanden hast, kannst du viel eher mit dem Leben fließen und einfach eins sein mit dem, was ist.

Ich glaube, wir können unsere Seelenintention durch unser Gespür und unsere Intuition herausfinden. Es ist wie eine Spur, die dir immer wieder zeigt, um was es geht im Leben.

Man kann auch vereinfacht sagen, du findest deine Intention, indem du dein Leben beobachtest. Was kommt in deinem Leben wiederholt vor? Mit welchen Themen wirst du immer wieder konfrontiert? Wie reagieren andere Menschen auf dich? Was für Beziehungen pflegst du? Sind sie nah oder hast du Mühe Nähe zuzulassen? Was fehlt dir in deinem Leben? Was hättest du gerne? Was sind deine Wünsche? Was sind deine Sehnsüchte?

Dabei gibt es aus der Seelenperspektive unterschiedliche Anziehungskräfte. Es sind die Wünsche, die du dir zum Ziel gesetzt hast und das, was du willst. Dann gibt es die wahren Sehnsüchte. Sie sind das, was sich die Seele für dieses Leben vorgenommen hat. Dies kann sich von deinen Wünschen unterscheiden. Dann gibt es noch das Erlebte. Das, was wir erlebt haben und vermeiden wollen. Dies sind deine Ängste.

Deine Seele wird dir immer eine Sehnsucht senden und den passenden Handlungsimpuls mitschicken. Ich finde es manchmal schwierig zu spüren. Man erkennt nicht gleich, was von der Seele kommt oder vom Verstand. Er hat nämlich auch gewisse Arten, wie er eines seiner Bedürfnisse zum Ausdruck bringt. Wie erkennst du den Unterschied?

Die Sehnsucht, die von der Seele geschickt wird, kommt tief aus dem Herzen. Tief in dir drin fühlt es sich echt an. Es fühlt sich zudem auch leicht und beflügelnd an. Außerdem hat es meistens etwas mit Entwicklung und Wachstum zu tun. Ein weiterer Navigator kannst du an der Einfachheit ablesen! Wenn sich etwas einfach entwickelt und ergibt – ohne Anstrengung – bist du auf der richtigen Spur. Die Dinge, die erzwungen werden oder die mit Mühe erarbeitet werden müssen, entstehen sehr oft aus dem Ego heraus. Die Wünsche sind ähnliche Gefühle wie die Sehnsucht, doch es ist eher das, was du willst (Ego). Es gleicht einem Bedürfnis und hat meist nicht wirklich etwas mit deiner Entwicklung zu tun.

Meine Seelenintention ist es, meine eigene Unabhängigkeit und Freiheit in einer echten Weiblichkeit zu erschaffen. Ich rede hier nicht von einer Emanzipation. Emanzipation hat für mich persönlich nichts mit einer gesunden Freiheit und Weiblichkeit zu tun. Ich bin der festen Überzeugung, dass der unabhängige Teil in dir, den wir hier als „Die Königin der Schwerter" bezeichnen, sich auf Beziehungen einlässt. Sie ist nicht der Typ, der alles im Alleingang macht. Sie ist stark und kann allein sein, doch gleichzeitig hat sie auch das Weiche an sich und will den Austausch in einer Liebesbeziehung genauso leben können.

Mein Leben hat mich immer wieder in Situationen gebracht, in denen ich gebunden war und von denen ich mich herauslösen wollte – oder musste. Sei es meine Erfahrung mit dem Glauben meiner Mutter, meiner Magersucht, meiner Ehe, meinen Beziehungen und einiges mehr. Mein roter Faden, den ich heute als Inspiration für Frauen wie dich nutze, ist dadurch entstanden. Dies ist die Geburt meiner Mission. Wofür ich lebe und mit der ich gehen werde. Ich habe meiner inneren Weisheit und Kraft eine Stimme verliehen, die dich berührt und mitnimmt. Die dich inspiriert und irritiert zugleich. Das soll sie auch. Sie soll dich schütteln und wachrütteln, damit du durch mich das Erkennen kannst, was du bist.

Ich habe es mir zur Lebensaufgabe gemacht, Frauen zu unterstützen, damit sie in ihr volles Potenzial kommen. Ich unterstütze sie in all ihren

Belangen. Sei es im Familienleben, mit ihren Kindern oder auch mit ihrer Partnerschaft. Du bist mir wichtig. Ich sehe in dir genauso «Die Königin der Schwerter», denn wir alle tragen diese Kraft in uns.

Meine Mission ist es eine Community ins Leben zu rufen. Eine, die genau diese Kraft in sich trägt. Ich möchte einen Raum erschaffen, in der jeder Frau eine Stimme verliehen wird. Nicht nur meine Geschichte inspiriert und zählt, deine genauso. Wir sind eins. Wir sind verbunden. Und genau dies möchte ich der Welt geben. Ich möchte eine Quelle der Weisheit für dich sein. Eine Quelle, die das ausspricht, was du denkst und glaubst sowie die Hoffnung, die du in dir trägst. Folge meinem Licht, du wunderschöne Seele. Du hast alles in dir. Folge der Spur «Der Königin der Schwerter».

Auf der kommenden Seite möchte ich dich in die Welt der Seelensprache mitnehmen. Ich möchte dir an dieser Stelle sagen, dass alles, was ich hier auf den folgenden Seiten schreiben werde, intuitiv in der Verbindung mit dem großen Ganzen entstanden ist. Oft saß ich bis spät in der Nacht an meinem Laptop, hörte Musik und lauschte den Klängen, die meine Hände zum Schreiben verführten. Je weniger ich beim Schreiben überlegte, desto tiefer und klarer wurden meine Texte. Oft fühlt es sich an, als würde etwas durch mich sprechen und meine Hände führen. Eine innere Weisheit, die durch mich fließt. Ich möchte mich damit nicht hervorheben oder als etwas Besseres positionieren, denn wir alle haben diese Verbindung. Auch du könntest sie in dir aktivieren, wenn du dies möchtest. Manche von uns sind einfach offener dafür und andere weniger. Ich bin nur meiner Intuition gefolgt und sie hat mich hierhergeführt, darum schreibe ich.

Ob es jemals jemand interessant finden oder lesen wird, weiß ich nicht. Auch ist es nicht von Bedeutung. Weil es nicht an mein Ego gebunden ist. Mein Ego hat das Bedürfnis nach An- erkennung und Ruhm. Meine Seele nach Wahrheit, denn sie lebt mit dem Schreiben eine Sehnsucht aus. Sie schickt mir Handlungsimpulse, nach denen ich ins Handeln komme. Daher ist es nicht wichtig, ob mein Buch jemals gelesen wird. Es ist eine Botschaft des Herzens und es wird die Menschen erreichen, die meine Worte brauchen. Darauf vertraue ich. Mental so weit zu kommen war ein Weg, den ich bewusst eingeschlagen habe. War es Arbeit? Ich weiß nicht, ob man dies Arbeit nennen kann. Ich empfinde es eher als einen Weg, den ich einfach gehe. Ich habe mich Stück für Stück von meinem Verstand gelöst.

Als ich mein erstes Buch «Das Power Frauen Prinzip» schrieb, war ich noch viel mehr mit meinem Ego (Verstand) verbunden. Ich überlegte immerzu beim Schreiben, wie meine Worte wohl ankommen werden. Auch ob ich gut genug rüberkomme. Es war mir wichtig einen professionellen Eindruck zu hinterlassen. Dies erschwerte den Prozess des Schreibens. Ich war selten in einem Fluss, denn ich wurde immerzu von meinen Wertungen aufgehalten. Erst bei meinem zweiten Buch «Das Power Eltern Prinzip» habe ich es geschafft, mich von meinem Ego zu lösen. Ich schrieb einfach und es war für mich unglaublich, was daraus entstanden ist. Manchmal lese ich meine eigenen Zeilen und wundere mich des Öfteren, woher das nun gekommen ist. Das zweite Buch schrieb ich innerhalb von drei Monaten. Dieses Buch schrieb ich spontan, als ich mit meiner Tochter auf Mallorca war, innerhalb weniger Wochen. Dies soll dir nochmals zeigen, was ich in all meinen Büchern vermittle.

**Alles ist möglich! Lass deinen Verstand los. Lebe im
Hier und Jetzt ohne Wertungen. Verbinde dich immer wieder
mit den wahren Gefühlen der Quelle in dir. Quellen der Liebe,
Freiheit und Wahrheit. Erkenne deine wahre Natur.
Sie wird dich auf allen Ebenen frei machen.**

All diese Techniken, Coaching-Sitzungen, Seminare und Bücher sind Konstrukte unseres Egos. Sie untermauern das Suchen nach Freiheit, nach der wir uns alle sehnen. Auch die Suche nach der inneren

Wahrheit, nach dem, was wir wahrhaftig sind. Doch im Grunde haben wir alles in uns. Wir wissen alles. Suche nach nichts mehr.

Du bist angekommen, wenn du endlich das loslässt, was du glaubst zu sein und das bist, was du ehrlich bist.

Es ist so weit. Wenn du nun so weit gekommen bist und alles gelesen hast, möchte ich dich dazu einladen, dein Herz zu öffnen. Nun bist du bereit für das Ultimative. Atme tief ein und verbinde dich mit deiner Seele.

Fünfter Teil

WILLKOMMEN IN DER WELT
«DER KÖNIGIN DER SCHWERTER»

Hallo schöne Seele,

willkommen in der Welt der Seelen. Wer bist du? Kenne ich dich? Sind wir uns in einem anderen Leben bereits begegnet? Ich bin es, eine liebende Seele, die zu dir spricht. Ich bin hier, um den Teil in dir zu wecken, den du vergessen hast. Den Teil, von dem du nicht mehr weißt, dass er in dir existiert. Ich bin gekommen, um dich an das zu erinnern, was du tief in dir bereits weißt. Ich schreibe dir Worte, die du brauchst, um dich an das zu erinnern, was du bist.

Wir sind mit allem verbunden. Da ist diese Pflanze, dieses Tier, dieser Freund, egal wer oder was du siehst. Es befindet sich zwar außerhalb von dir, doch dies ist unsere menschliche Wahrnehmung vom Getrenntsein. Doch es gibt auch eine unsichtbare Energie. Eine Energie zwischen dir und mir, zwischen diesem Objekt und dem anderen Objekt. Wenn du genau spürst, wirst du die Energie wahrnehmen, die alles verbindet.

Wir sind Eins.

Das Getrenntsein, so wie du es als Mensch wahrnimmst, Tag für Tag, ist eine große Illusion deines Daseins. Nimm meine Worte auf einer anderen Ebene auf. Nimm sie auf der Seelenebene war. Stelle deinen Verstand während dem Lesen ab. Er ist zwar da und auch sinnvoll, doch es macht manchmal Sinn, zu erkennen, dass er dich in vielen Momenten blockiert. Daher suche den Zugang über die Seelenebene zur Wahrheit in dir. Dort, wo die Energien sich vereinen, dort wirst du alles verstehen lernen. Ich zeige dir heute das, was du bereits kennst und weißt. Horche hin und öffne dein Herz.

Dein Weckruf
Du bist die Königin der Schwerter
Du bist Wahrheit
Du bist Liebe
Du bist ein Wunder

Du bist die Königin der Schwerter. Du bist Unabhängigkeit und Freiheit. Dieser Teil in dir, repräsentiert deine Intelligenz und das Göttliche in dir. Deine Unabhängigkeit und Freiheit als Frau in diesem Leben. Sie zeigt dir den Weg, sie ist deine innere Stimme. Das Wertvollste, dass sie besitzt, ist ihre Freiheit und Unabhängigkeit. Du hast, wie wir alle, Schmerz und Leid erfahren. Ich spüre sie, ich teile sie mit dir. Wir sind alle verbunden, wir sind alle eins. Doch ich erkenne deine Stärke, die du daraus gewonnen hast. Deine vergangenen Erfahrungen haben dir eine seelische Weisheit geschenkt und du hast an innerer Stärke gewonnen. Zapfe diese an, ich zeige dir den Weg. Folge mir. Du bist Wahrheit, lass mich dir deine eigene Wahrheit zeigen. Du bist Liebe. Fühle deine Liebe, die du in dir trägst und die an keine Bedingungen geknüpft ist. Die einfach ist. Du bist ein Wunder. Du bist einzigartig.

Nun ist es an der Zeit, dass du erkennst und lebst, wer du bist.

Deine Intuition hat dich zu mir geführt und es ist kein Zufall, dass du nun diese Zeilen liest. Das Universum hat dich hierhergeführt, damit du wieder an das erinnert wirst, was du bist. Öffne dein Herz für die Weisheit in dir und der Meinigen, die ich dir hier in Worten zum Ausdruck bringe. Vom ersten Augenblick an, wo du diese Welt betreten hast, beginnt dein absolutes Geburtsrecht. Es besagt, dass du bis ans Ende deiner Tage frei sein darfst. Ein Leben lang suchst du danach und du tust alles dafür, um frei zu werden. Dabei musst du dir nur im Klaren darüber werden, was Freiheit für dich bedeutet.

Ich frage dich «Was bedeutet echte Freiheit?» Für den einen bedeutet Freiheit, wenn er ein selbstbestimmtes Leben führen kann. Für den anderen bedeutet Freiheit, wenn er nichts selbst bestimmen muss und über ihn bestimmt wird. Freiheit hat viele verschiedene Dimensionen und jeder hat eine andere Sicht darauf. Aber letzten Endes gibt es in Wahrheit nur eine echte Freiheit.

Meine Zeilen möchten dich an deine echte Freiheit erinnern. Die Freiheit, die für jeden Einzelnen da draußen bestimmt ist. Über die wir nicht reden und auch nicht nachdenken müssen. Die einfach ist, denn es gibt eine einzige Freiheit, die uns alle wirklich frei werden lässt.

Deine Seele schickt dir immerzu Impulse, um dich an deinen Weg, an deine Wahrheit zu erinnern. Diese Impulse kommen aus der Tiefe deines Herzens und deine Seele möchte, dass du ihnen folgst. Nur so kannst du dein Potenzial leben und das Leben erschaffen, dass du dir so sehnlichst wünschst.

Was hindert dich daran, deinen inneren Impulsen zu folgen? Da ist immerzu eine andere Stimme, die du hörst. Eine Stimme, die Sicherheit sucht. Eine Stimme, die nicht offen für Neues ist. Die Angst vor Veränderung hat und die dich in der Komfortzone behalten möchte. Eine Stimme, die dich und den Fluss deines Lebens blockiert. Eine Stimme, die dich daran hindert, dich zu verwirklichen und deine wahre Größe zu entwickeln. Diese Stimme limitiert und blockiert dich, deshalb höre nicht auf sie. Beobachte dich selbst, und du wirst erkennen, dass du eher auf diese Stimme hörst als auf die Stimme deiner Seele.

Wieso tust du das? Die Antwort findest du in dir. Lass die Worte aus der Tiefe deiner eigenen Weisheit für einen kurzen Moment aufsteigen und höre ihnen aufmerksam zu. Horche genau hin und deine Seele wird dir ihre Wahrheit zuflüstern.

«Ich habe dich in dem Gewand, welches du trägst, ausgesucht, um mich in diesem Leben, in dieser Form auszudrücken. Ich bin gekommen, um mich weiterzuentwickeln. Erkenne die einzige Wahrheit, denn ich bin deine Wahrheit. Ich bin der Teil in dir, der dir den Weg zu deinem Glück, der bedingungslosen Liebe und Wahrheit zeigt. Ich habe mir dieses Leben ausgesucht, um mich weiterzuentwickeln. Denn erst durch die Erfahrung vom Menschsein kann ich mich zu meiner wahren Größe entwickeln. Folge meiner Weisheit, der Stimme in dir, die tief aus deinem Herzen kommt. Die Stimme, die dich stets weiterbringen möchte. Die Stimme, die dir Mut macht, um auch einmal ungewohnte Wege zu gehen, um zu wachsen und um dein volles Potenzial zu entwickeln. Folge meiner Spur, denn nur so wirst du echtes Glück und Freiheit in diesem Leben erfahren.»

Bist du bereit dieser Spur zu folgen?

Nun bin ich hier, eine liebende Seele. Ich spreche zu dir und zu deiner Seele. Ich bin gekommen, in einer anderen Ausdrucksform und in den Worten, die du jetzt liest. Um dich an deine Entwicklung und dein Wachstum zu erinnern. Ich schreibe dir diese Worte, um dich an deine Wahrheit zu erinnern. Du bist hier, um zu lernen und zu wachsen. Ich will dir deinen Weg zeigen. Den Weg nach Hause. Den Weg zur echten Freiheit. Weg von all deinen Limitierungen, deinem Leid, deinen negativen Gedanken und Blockaden. Lass uns alles gemeinsam entdecken, damit du endlich frei sein kannst.

Dies ist der Weckruf von mir zu dir! Von Seele zu Seele. Dies ist deine Chance. Dies ist der Moment, um als Phoenix aus der Asche emporzusteigen und dich neu zu erfinden. Ich wünsche dir den Mut, deinen inneren Dämonen zu begegnen und dich von allem zu befreien, was dich bremst. Damit du das Wunder leben kannst, das du bist.

Von Seele zu Seele und im Herzen verbunden sind wir alle Eins.

DEIN WECKRUF

Leise horchst du deinem Aufruf an dich. Du musst nicht suchen. Horche auf die Worte, die du liest, denn sie reden mit dir. Sie sind da, um dich an das zu erinnern, was du ohnehin bereits weißt und in dir trägst. Diese Zeilen sind ein Weckruf an dein Leben. Deine Chance ist gekommen, endlich ist sie da.

Du hast jetzt die Möglichkeit dich zu befreien.
Befreien, von allem, was dich davon abhält,
dass zu leben, was du bereits in dir trägst und bist.

Du schläfst oder dämmerst die meiste Zeit vor dich hin, dabei verpasst du dein Leben. Du denkst, dass dies dein Leben ist, doch ist es real? Nein. Du schläfst die meiste Zeit und bist gefangen in der Vergangenheit oder der Zukunft. So verpasst du die meiste Zeit deines Lebens, denn dein Leben findet nur in der Gegenwart, im Hier und Jetzt statt.

Das reale Leben findet im Hier und Jetzt statt.
Bist du dir dessen bewusst?

Was bedeutet Bewusstsein? Viele reden davon und die Menschheit führt schon seit ewigen Zeiten Debatten darüber. Die meisten sehen das Bewusstsein als die Achtsamkeit des Momentes an, wenn man mit allen Sinnen im Hier und Jetzt ist. Zu einem gewissen Teil ist diese Annahme richtig, doch das Bewusstsein ist weitaus mehr als das. Bewusstsein hat an sich auch damit zu tun, wie bewusst ein Mensch durch sein Leben geht. Ein bewusster Mensch ist sich seiner verborgenen Anteile, seiner Prägungen aus der Kindheit, seinen Überzeugungen sowie Limitierungen und Blockaden, die tief im Unterbewusstsein abgespeichert sind, bewusst.

Gerät ein Mensch in seinem Alltag unbewusst in Situationen, in denen diese Anteile berührt werden, wird er entsprechend reagieren. Frust, Stress, Angst und Wut werden zu irrationalen Reaktionen führen. Ein bewusster Mensch jedoch wird bewusst damit umgehen. Er wird sich reflektieren und in seiner Ruhe und Distanz heraus die Situation neutral betrachten. Dies wiederum ist ein weiterer Schritt zur mentalen Freiheit, denn damit befreit er sich vom Kampf und der Kontrolle über den natürlichen Zustand seines Seins.

Es wird oft darüber geredet, wie hoch oder tief man sich in diesem Bewusstsein befindet. Du denkst bestimmt «Wieso all diese Wertungen? Ist es nicht auch wieder ein Spiel unseres Egos, um sich wichtig zu fühlen?» Diese Frage ist absolut berechtigt. Über den Grad deines Bewusstseins zu werten oder dir Gedanken darüber zu machen, ist reine Zeitverschwendung. Der Grad ist nicht wichtig, sondern die Tatsache, dass du bewusst im Hier und Jetzt glücklich bist. Allein das ist ausschlaggebend.

Nehme dich selbst an, wie du bist, und akzeptiere andere, wie sie sind. Auch sie haben das Recht, so sein zu dürfen, wie sie sind.

Sei stets im Moment und lebe immer von Augenblick zu Augenblick. Akzeptiere bewusst alle Momente wie sie sind. Nimm sie als das wahr, was sie sind, doch Werte nicht darüber.

Immer dann, wenn du eindämmerst, dass Leben an dir vorbeizieht und du von deiner Spur abkommst, klopft es leise an dein Tor zum Bewusstsein.

Der Weckruf, er ist wieder da.
Er kommt mit vollem Elan und meist verletzt er dich.

Du wirst manipuliert, weil du dich selbst manipulierst. Du wirst nicht angenommen, weil du dich selbst nicht annimmst. Du wirst nicht geliebt, weil du dich selbst nicht liebst. Du erlebst Ablehnung, weil du dich selbst ablehnst. In deinem Inneren sind deine Gefühle verborgen, doch du zeigst sie nicht, denn du hast sie stillgelegt. Und so verachtest du alle Menschen um dich herum, die dir deine Gefühle spiegeln. Doch sie spiegeln dir nur das, was du in dir trägst.

All das, was du an anderen ablehnst, ist ein Teil von dir.

Die Weckrufe, sie kommen in Form von Korrekturen des Lebens. Sie kommen in Form von Trennungen, Verlusten oder anderen Schicksalsschlägen.

Du kontrollierst, du manipulierst, du korrigierst dein Leben im Außen. Hat sich etwas in dir geändert? Nein! Nichts! Du machst weiter. Du spürst, dass dir das Leben im Außen etwas zeigen will und dass es mit dir im direkten Zusammenhang steht.

Doch du willst es nicht sehen. Weil es bedeuten würde, dass es unbequem wird, wenn auch nur von kurzer Dauer. Lieber bleibst du in dieser vermeintlichen Komfortzone, als dich mit dem zu konfrontieren, was sich zeigt.

Hier spricht diese Stimme, eine weise Stimme in dir, die dir immer wieder zuflüstert «Ich will leben. Ich will dich leben. Ich will das sein, was echt ist.» Aber du ignorierst sie. Es wird ruhig, doch der Schein trügt, denn die Ruhe ist nur von kurzer Dauer. Du stellst fest, dass die Stimme nicht schwindet. Die Jahre verstreichen und du schaffst es nicht mehr, sie zu ignorieren, denn die Stimme wird immer lauter. Sie will erhört und gelebt werden. Die Stimme der Freiheit, echter Liebe, Neugier und Abenteuer. Die Stimme, die alles andere als vorhersehbar und sicher ist. Sie ist wild, sie ist unbeständig, sie ist voller Lust auf das Leben. Sie will dich leben und sie will das sein, was du wirklich bist. Sie will nicht ein Leben voller fauler Kompromisse, denn sie will ihr Leben nicht in einem Gefängnis verbringen. Sie will sich endlich befreien und du sein.

Du hast jetzt in diesem Moment die Wahl deines Lebens. Ignorierst du sie und machst einfach weiter wie gewohnt, wird dein Leben eine sich immer wiederholende Show bleiben. Irgendwann werden die Schicksalsschläge härter werden, solange, bis du dem Tod ins Auge blickst. Was wirst du dann sehen? Ein Leben voller Lügen, Unwahrheiten und verlorener Jahre. Ein Leben, indem du dein wahres Ich nicht zugelassen – und nur für andere gelebt hast.

Dies ist dein Weckruf. Diese Worte haben dich gesucht und nun endlich gefunden. Sie sind ein Geschenk vom Leben und sie geben dir Freiheit.

Wache auf!

Öffne die Tür zu deinem Herzen und zu deiner inneren Wahrheit! Du hast das Recht, dass zu leben, was du bist.

Horche hin du schöne Seele.

Komm mit mir aufs Spielfeld der Freigeister, der Mutigen, der Verrückten, der Glücksritter, der Freidenker, der Ausgeflippten. Geh deinen Weg und werde frei!

Du bist nicht allein. Sieh dich um und du wirst viele Gleichgesinnte erkennen. Wie du, so ich. Wir sind eins. Wir sind eins mit allem. Verbinde dich immer mit dem großen Ganzen, denn es gibt keine Trennung. Der Gedanke «Ich bin da und du bist dort», ist ein veraltetes Denken. Echtes Bewusstsein weiß, dass wir alle eins sind. Daher betrifft jedes globale oder noch so kleine Problem von einem anderen Menschen auch dich. Du bist nicht getrennt vom Ganzen, denn wir sind alle verbunden.

Werde zu Licht. Dem Licht, dass diese Welt braucht. Ein Licht, dass voller Liebe, Demut, Echtheit und Frieden strahlt. Trage dieses Licht in dir und strahle nach Außen.

Willkommen im Leben. Im echten Leben. Ich freue mich auf dich. Ich habe auf dich gewartet. Endlich hast du erkannt, was du ohnehin bereits wusstest und in dir getragen hast.

DU BIST DIE KÖNIGIN DER SCHWERTER

Die Königin der Schwerter, leise nähert sie sich dir. Sie ist ein Teil in dir. Sie ist der Teil in dir, der dir Kraft gibt, der dir die Stärke verleiht, die du brauchst, um jede Herausforderung in deinem Leben zu meistern. Sie lehrt dich unabhängig, frei und ehrlich zu kommunizieren. Sie ist der Teil in dir, der immer in allem die Wahrheit sucht und kennt. Sie hat eine Gradlinigkeit, die genau weiß, was sie will und auch nicht will. Sie ist der Teil in dir, der manchmal auch das Drama mag und will, die Selbstgerechtigkeit lebt und eine gewisse Arroganz besitzt. Diese Stimme, die in sich sehr vielseitig ist, sie ist immer da. Doch oft nabelst du dich von ihr ab, weil du den Kontakt zu deiner inneren Welt verlierst.

Wieso verlierst du immerzu diesen Kontakt?

Du verlierst diesen Kontakt zu dir selbst, weil du zu oft im Außen bist. Zu sehr absorbiert dich dein Leben. Du gibst viel von dir. Tag für Tag. Das raubt dir viel Energie, die am Ende dir selbst fehlt. Sie fehlt dir, um das zu erschaffen, was du sein möchtest. Ich weiß, dass du das alles bereits weißt. Und trotzdem schreibe ich es dir, denn zum einen, weil du es immer wieder vergisst und es auch guttut, wenn ich dich daran erinnere. Zum anderen, weil ich einfach auch weiß, dass das Wissen allein nicht die Lösung ist. Der Ausweg ist oft schwierig. Es fühlt sich wie ein Dilemma an, indem du dich immer hin und her bewegst. Du bist eine Mutter und du hast Kinder, die dich brauchen. Du bist eine Ehefrau oder Partnerin und auch dieses Gegenüber braucht dich. Du bist eine Angestellte und du wirst auch dort gebraucht. Manchmal lebst du in deinem Leben eine Rolle, manchmal sogar mehrere Rollen gleichzeitig. Du bist von Natur aus ein gebendes Wesen. Du kämpfst dein Leben lang um Abgrenzung. Wo ziehst du deine Grenzen? Wo beginnt dein ICH und wo das deines Gegenübers? Oder verschmelzen sie einfach immer wieder ineinander?

Du möchtest das sein, was du bist. Doch oft wollen dich die anderen anders. Frage dich «Wieso ist das so?» Ist es so, weil es bequem ist, dich so zu haben, wie sie dich wollen? Oder erschaffst du dies alles, weil es dir insgeheim ein gutes Gefühl gibt, wenn du dich gebraucht fühlst? Oft erschaffen wir die Umstände unbewusst, weil wir dadurch ein Gefühl in uns aktivieren. Daher möchte ich dich dazu einladen, in dich hineinzuhorchen. Suche nach der Wahrheit in dir. Denn nur diese Wahrheit wird dich am Ende von deinen eigenen Fesseln befreien. Dies alles zu verstehen und dahinterzukommen, ist in sich eine Komplexität, die viel von dir fordert.

Das viele Geben hat zur Folge, dass du auch viel Energie verlierst. Woran erkennst du deinen Energieverlust? Der Energieverlust geschieht meist unbemerkt. Doch er macht sich bemerkbar in der gefühlten Entfernung von dir selbst. Deiner eigenen Kraft. Wann immer du dich schwach fühlst, wann immer du dich ausgelaugt fühlst, dann weißt du «Ich bin zu weit gegangen». Oft verurteilst du dich dafür und ärgerst dich über dich selbst. Anstatt dich dafür zu verurteilen, zeige immer wieder Mitgefühl mit dir. Öffne dein Herz für den gebenden Teil in dir. Der von Natur aus gebend ist, denn er trägt auch viel Liebe in sich. Denn nur die Liebe kann bedingungslos so viel von sich geben. Dieser Teil in dir hat nichts mit Schwäche zu tun, nein. Im Gegenteil. Er ist unheimlich stark, weil er oft Berge versetzen kann. Wenn du Mutter bist, dann erkennst du die Kraft dieses Teils in dir, denn als Mutter würdest du alles für deine Kinder geben. Dies kannst du nur, weil der gebende Teil in dir mit der Bedingungslosigkeit einhergeht. Wie eine Symbiose spielen sie ihr Spiel. Sie sind ein Teil der Königin der Schwerter, von dem was du bist. Fühle für dich, was deine Grenzen sind. Dein Navigator ist dein Gefühl. Nur dein wahres, ehrliches Gefühl ist das, was dich davor schützen wird über deine Grenzen zu gehen. Du spürst immer in dir das Nein wie auch das Ja. Folge dieser Stimme in dir. Sie leitet dich genau richtig.

Das ist Selbstliebe.

Nimm dich ernst und fühle das, was wahr ist in dir.
Höre auf deine innere, wahre Stimme.

Frage dich, was raubt dir Energie? Vielleicht ist es deine eigene Mutter, dein eigener Vater, deine Kinder, dein Partner, dein Boss oder auch deine Freunde, die immerzu an dir zerren. Du hast Schuldgefühle, wenn du dich nicht genug um sie kümmerst? Schuldgefühle sind ein Konstrukt deines menschlichen Daseins. Erkenne in ihnen ihre helfenden Seelenanteile. Du hast bereits vor deiner Inkarnation beschlossen, welchen Weg ihr zusammen gehen werdet. Daher gibt es sowas wie Schuld nicht. Du schuldest niemandem etwas. Wir sind alle für uns selbst verantwortlich. Übernimm keine Verantwortung für Dinge, die nicht für dich gedacht sind. Oft fühlen sich deine Schultern oder dein Rücken schwer an, das ist, weil du die Last aller anderen trägst. Lade das Gewicht dort ab, wo es hingehört. Gib es zurück und erkenne, dass jeder von ihnen dazu da ist, um dich etwas zu lehren.

Die oft schwierigsten und herausforderndsten Beziehungen sind die Beziehungen, von denen du am meisten lernen kannst. Wieso ärgerst du dich immerzu über sie? Du hältst sie für den Grund, dass du deine Energie verlierst, dass du müde bist und dich ausgelaugt fühlst. Merkst du denn nicht die Illusion, die sich dahinter verbirgt? Lüfte den Schleier, schaue genau hin. Hör auf dir selbst etwas vorzumachen. Du suchst die Wahrheit, ich flüstere sie dir zu. Horche. Erkenne den tieferen Sinn hinter meinen Worten. Ich spreche zu dir von Seele zu Seele und dies ist deine eigene Wahrheit. Sie werden so lange das von dir nehmen, was sie brauchen, bis du endlich erkennst, was es für dich braucht, bei dir zu bleiben.

Daher versuchen nichts im Außen zu ändern, gehe in dich hinein und schaue erst einmal, was du an dir ändern kannst. Du bist in Ordnung so wie du bist. Ich möchte dir kein Gefühl der Unzulänglichkeit geben. Richte dich auf, höre genau hin was ich dir schreibe. Du bist in Ordnung, so wie du bist, du musst an dir nichts ändern. Ich rede hier von einer energetischen Veränderung, die in dir geschieht, wenn du meine Worte mit deiner inneren Weisheit und nicht dem Verstand verinnerlicht hast. Diese Veränderung ist weitaus stärker als alles. Damit werden alle deine Grenzen ohne Worte spürbar, weil du eine innere Haltung der Selbstverständlichkeit einnimmst. Spürst du deine Veränderung beim Lesen meiner Worte? Du bist die Königin der Schwerter, stark verankert in dir. Du bist unabhängig und frei. Die klare Kommunikation ist das, was du in dir trägst. Damit wirst du alles verändern können.

Wie kannst du dies energetisch in dir verändern? Es ist einfach. Höre genau hin, deine Seele flüstert dir zu «Erkenne, wer du wahrhaftig bist. Du bist stark, du bist einzigartig, du bist frei, du bist ein Wunder, du bist Wahrheit, du bist Liebe, du bist alles. Entferne dich von deinen inneren negativen Gedanken der Unzulänglichkeit. Erkenne deinen eigenen inneren Wert an. Du bist es Wert, dass jeder deine Grenzen akzeptiert und annimmt. Wenn du diese Haltung verinnerlichst und dich als unlimitiertes Wesen anerkennst, wirst du diese Ausstrahlung nach außen hinaustragen. Dies verleiht dir die unbändige Kraft, deine Grenzen auszustrahlen. Grenzen, die keine Worte brauchen, die einfach klar sind.»

Klarheit dessen, was du bist, machen deine Grenzen klar.

Daher ist Grenzen setzen einfach. Es ist unser menschliches Dasein, dass es uns so schwierig macht. Unser Ego macht es zu einem Thema, obschon es keines sein sollte, denn es gehört zu deiner Seelenwahrheit.

Was schwächt dich? Horche in dich hinein und frage dich nochmals, was schwächt dich wirklich? Oft willst du nicht ehrlich sein, denn wenn du ehrlich zugeben müsstest, was dich schwächt, weißt du, dass es kein Entrinnen mehr gibt. Dann wirst du erkennen, dass du dich oft selbst schwächst. Es ist nicht zwingend immer das Außen. Oft sind es auch negative Gedanken der Unzulänglichkeit, die dich schwächen. Sie entfernen dich von deinem eigenen inneren Wert. Du spürst ihn dadurch nicht mehr. Weil er zerstört wird. Der einzige

Weg, um dir deinen Wert zu geben, ist, dass du ihn dir selbst gibst. Nur so wirst du auch den Wert erkennen, den dir andere geben. Denn sonst bleibt es ein Fass ohne Boden. Dir können andere noch so viel Anerkennung geben, du wirst ihn nie erkennen, wenn du deinen eigenen Wert nicht kennst.

Das Leben ist immerzu wie ein Spiegel, der dir das im Außen zeigt, was du in dir trägst. Du kannst nicht Liebe von außen erwarten, wenn du keine Liebe in dir trägst. Du kannst nicht Anerkennung von außen erwarten, wenn du dir selbst keine Anerkennung gibst.

Schwächen kann dich auch die Suche nach der Anerkennung, die du von außen erwartest und nicht erhältst. Wenn du dir beispielsweise wünschst, dass dir deine Kinder, dein Partner oder dein Boss sagen, wie gut du alles meisterst. Dies hat mit dem Mangel deiner eigenen Anerkennung zu tun. Die Seelen, die dir diese Anerkennung nicht geben, zeigen dir nur deinen eigenen Mangel, den du in dir trägst. Ich weiß, dass die Anerkennung deinem Ego schmeichelt. Dein Ego liebt die Anerkennung von außen und lechzt danach. Doch schau dir das Spiel genauer an. Denn es ist ein Spiel. Du leistest etwas und erwartest die Belohnung dafür in Form von Anerkennung. Erhältst du diese nicht, entsteht die Enttäuschung. Die Enttäuschung, die daraus entsteht, wenn Menschen deine Leistung nicht anerkennen, entzieht dir Energie. Wertvolle Energie, die verloren geht.

Enttäuscht sein, egal in welcher Form, entzieht Energie.

Enttäuschung kommt von dem Wort Täuschung. Daher wird das Wort in sich bereits erklärt und es zeigt dir die Illusion dahinter. Deine Täuschung liegt in der Suche nach der Anerkennung im Außen. In der du glaubst, wenn du sie findest, du danach deinen eigenen Wert erkennst.

Dein Ego beschäftigt sich immerzu damit, wie es zu dieser Anerkennung kommen könnte. Das ist eine Art Beschäftigung, mit der du deine Zeit vertreibst. Wertvolle Lebenszeit, die du mit wertvolleren Dingen verbringen könntest. Oft treibt dich dein Ego auf heimtückische Weise zu noch mehr Leistung an. Dies jedoch entzieht dir noch mehr Energie. Daher erkenne, dass die nachhaltigere Anerkennung, die ist, die du dir selbst gibst und die von innen kommt. Sie ist nicht an ein Ego gebunden. Sie ist eine Seelenweisheit, die mit Selbstliebe einhergeht. Du weißt tief in dir, dass du viel leistest und dass du gut bist, in allem, was du tust. Ich flüstere es dir zu. Leise, doch horche genau hin.

«Du bist ein Wunder, einzigartig und unheimlich stark. Danke, dass du da bist, du schöne Seele. Deine Einzigartigkeit ist von unschätzbarem Wert. Ich sehe alles, was du jeden Tag leistest, und ich möchte dir von Herzen sagen, du machst es gut. Spüre deine Kraft. Spüre das, was du bist, und verbinde dich immerzu mit deiner inneren Wahrheit. Du brauchst niemanden im Außen, der dir sagt, dass du deine eigene Wahrheit in dir hast.»

Wann immer du deinen Wert wieder vergisst, verbinde dich immerzu mit diesen Worten. Sie werden dich daran erinnern.

Du bist mit allem und jedem verbunden. Diese Verbundenheit erschafft ein kollektives Bewusstsein, dass dich – wie auch mich – beeinflusst. Es beeinflusst uns alle im Denken und Handeln. Es sind Energien, die gegeben sind. Nutze diese Energien für dich. Denn sie sind wertvoll. Wenn eine Frau für sich einsteht und den Mut hat aufzustehen, macht sie es auch für Frauen am anderen Ende der Welt. Wir sind alle Eins. Verbunden im Herzen und in unserer weiblichen

Energie. Der göttlichen Energie, die keine Grenzen kennt und nicht getrennt ist voneinander.

Der Sinn unseres Daseins als Frau ist es, all unsere inneren Teilen, die wir in uns tragen miteinander zu verbinden und zu leben. In Demut, Respekt und Achtung vor den universellen Gesetzen, die gegeben sind.

Was sind die universellen Gesetze? Schau dir dein Leben an.

Das Leben redet mit dir, tagein und tagaus.
Die Gesetze sind feste Bestandteile dessen, was wir sind. Der Fluss
des Lebens fließt, fließe mit und die Gesetze gehen damit einher.

Das höchste Gut der Königin der Schwerter ist ihre Unabhängigkeit. Horch hin, folge ihrer Spur, sie zeigt dir, was wahre Freiheit bedeutet. Die meisten Menschen sind nicht frei. Du bist nicht frei. Weißt du warum?

Weil du, wie auch ich, wir alle leben
Tag für Tag in einem mentalen Gefängnis!

Dein mentales Gefängnis ist deine eigene Destruktivität in Bezug auf dich selbst. Wie oft sagst du dir «Ich habe dieses oder jenes falsch gemacht. Ich bin nicht gut genug. Ich muss dies oder jenes tun, um mir selbst oder anderen zu gefallen. Ich liebe mich selbst nicht, weil... Ich bin unzulänglich, weil... Ich bin ein Problem, weil... Ich müsste so oder so sein, erst dann bin ich in Ordnung.» Machen dich diese Gedanken über dich selbst frei? Nein! Sie engen dich ein. Sie nehmen dir deine Lebensfreude und zerstören deine Liebe zu dir selbst.

Lerne deine inneren Dialoge mit dir selbst zu beobachten. Werte nicht darüber, aber zügle sie. Befreie dich aus deinem eigenen mentalen Gefängnis, indem du dich bewusst für ein neues Denken über dich selbst entscheidest.

Machen dich deine äußeren Umstände frei oder unfrei?

Von außen werden immer wieder Dinge an dich herangetragen. Dinge, die dich bewusst oder unbewusst beschäftigen. Das können die eigenen Kinder sein, der Job oder die Probleme in der Beziehung. All diese Dinge lösen etwas in dir aus. Wenn es negative Dinge sind und somit unschöne Emotionen in dir ausgelöst werden, suchst du im Außen nach der Ursache. Oft findest du etwas oder jemanden, dem du die Schuld dafür geben kannst und die Schuldzuweisungen fühlen sich kurzfristig entlastend an. Doch tief in dir weißt du, dass nichts und niemand für deine negativen Dinge in deinem Leben und deine unschönen Emotionen verantwortlich ist.

In dem Moment, in dem du die Verantwortung für die negativen Dinge in deinem Leben an andere abgibst, kannst du dich nicht weiterentwickeln. Diese Ereignisse haben immer einen Sinn in deinem Leben. In dem Moment, in dem du beginnst, deine Anteile an den Geschehnissen zu betrachten, beginnst du Verantwortung für dich und dein Leben zu übernehmen.

Lerne die Verantwortung für deine Reaktionen zu tragen.

Nur so wirst du frei werden!

Alle Dinge, die dir widerfahren, lösen eine Emotion in dir aus. Negative Gefühle empfindest du als bedrohlich, weil sie unangenehm und heftig sein können. Sei dir bewusst darüber, dass deine Emotionen immer wieder in Wellen kommen. Sie bauen sich vor dir auf und flachen wieder ab. Je mehr du deine Emotionen zulässt und sie nicht von dir schiebst, desto schwächer werden sie.

Wenn du deine Emotionen wegschiebst, kommen sie in noch größeren Wellen zurück. Lerne deshalb deine Emotionen zu fühlen und verleugne sie nicht. So gelangst du zur inneren Freiheit.

Was engt dich ein? Was genau macht dich unfrei? Sind es nebst deinem mentalen Gefängnis auch äußere Umstände?

**Entscheide dich heute und jetzt
bewusst dafür, was für dich wichtig ist.**

Tag für Tag rackern wir uns ab, im Glauben daran, dass das, was wir tun, wichtig ist. Wenn dir heute jemand sagen würde «Hey, du hast nur noch dreißig Tage zu leben», würde dieser Gedanke dir die Wichtigkeit deines Lebens auf den Punkt bringen. Mit welchen Menschen würdest du deine Zeit verbringen? Welcher Tätigkeit würdest du nachgehen? Wie würdest du deine verbleibende Zeit füllen? Und das Allerwichtigste, wie würdest du mit dir selbst in den letzten Stunden deines Lebens umgehen? Lohnt es sich in dem Moment tatsächlich noch, dich selbst zu kritisieren?

Was wäre von dem, was du über dich selbst denkst, und von all den Dingen, die du tun musst, noch wichtig?

Die Relation beginnt mit der Anerkennung unserer Endlichkeit, denn verdrängen ist ein Leben in einer Illusion. Plötzlich erkennst du es. Du rufst dem Universum zu «Ich will endlich frei sein!»

Für einen kranken Menschen kann Freiheit Gesundheit bedeuten. Für einen Menschen, der sich nach Liebe sehnt, kann das Finden seines Seelenpartners die lang ersehnte Freiheit sein. Für einen Menschen, der in Armut lebt, kann der plötzliche Lottogewinn vollkommene Freiheit bedeuten. Freiheit hat viele Gesichter und jeder definiert Freiheit anders.

Du wertest deine Ereignisse in gut oder schlecht. Du teilst Menschen in sympathisch oder unsympathisch ein. Du urteilst über alles, was dir begegnet. Ist das für dich Freiheit? Oft machen wir unsere Freiheit von dem abhängig, was um uns herum geschieht. Was wir haben oder was wir sind. Wie würde dein Leben aussehen, wenn du ab heute damit aufhören würdest? Wenn du einfach die Dinge so sein lässt, wie sie sind, ohne darüber zu urteilen? Spüre in diese Worte hinein. Spürst du den Hauch der Freiheit, die diese Haltung mit sich bringt?

Du bist erwacht und du willst das Leben, dass echt ist.

Das Einzige, was echt ist, ist die Gegenwart. Der Moment, der sich jetzt vor dir entfaltet. Die Vergangenheit ist vergangen und die Zukunft ist ein Konstrukt deiner Vorstellung. Eine Möglichkeit, von der du nicht weißt, ob es jemals so eintreffen wird. Erkenne, dass deine Zeit begrenzt ist und dass du im Hier und Jetzt lebst. Denn du bist Wahrheit, Liebe und ein Wunder.

Was ist Freiheit?

Ich sage dir, was die echte Freiheit ist, von der ich hier spreche.

**In dir gibt es einen Ort, der losgelöst
von all dem ist, was du denkst zu sein.**

Auch wenn du nicht weißt von welchem Ort ich spreche, er existiert. Du musst ihn nur wieder finden und spüren.

Schließe kurz deine Augen, atme tief in dich hinein und fühle dein Herz. Fühle die Ruhe in dir. Fühle die Weite in deinem Inneren. Hier ist der Ort in dir, an dem du still und frei bist. Hier entstehen all deine Gefühle und Emotionen. Hier entstehen Liebe und Freiheit. Entscheide dich bewusst dafür, an diesen Ort zu gehen, dich mit den Gefühlen von Freiheit, Liebe, Dankbarkeit und Mitgefühl zu verbinden. Halte diese Verbindung möglichst oft und lange aufrecht, denn dort liegt die Freiheit.

Freiheit ist ein neutraler Zustand deines Seins.

Dieser Ort zeigt dir deine unabhängige Freiheit, die du in dir trägst. Dieser Ort ist eine Quelle in dir, mit der du dich immer verbinden kannst.

Die absolute Freiheit eines jeden Menschen stellt sich an dem Tag ein, an dem er endlich das Spiel des Lebens begriffen hat!

Erst wenn du erkennst, dass du nicht aufgrund deiner Umstände frei sein wirst, sondern dass es im Leben um einen Bewusstseinszustand geht, wirst du dich befreien können. Erst dann kannst du frei von all deinen Limitierungen sein, die dein Verstand dir auferlegt. Du durchschaust alle Spiele, die dein Ego mit dir spielt. Urteilsfrei und ohne Wertung nimmst du sie wahr. Du nimmst es einfach hin, so wie es ist.

Atme. Lasse los. Zentriere dich und gehe bewusst wieder in die Verbindung deiner Quelle. Nähre diese Quelle. Je mehr du sie nährst, desto präsenter wird sie sein. Du wirst Menschen und Situationen in dein Leben ziehen, die in derselben Energie- Frequenz schwingen. Erinnere dich immerzu daran, dass das, was du aussendest, zu dir zurückkommen wird.

Deshalb ist dein heutiger Gedanke deine Realität von morgen.

Du denkst, du bist dein Gedanke, du bist dein Muster, du bist deine Blockaden. Du denkst, dies ist das, was dich zu dem Menschen macht, der du bist. Doch ich bin gekommen, um dich an deine wahre Wahrheit zu erinnern. Dies alles ist Teil deines Menschseins, doch du bist viel mehr als das, was du denkst zu sein. Erinnere dich ab heute immer an den Teil in dir, den du vergessen hast. Deine Seele möchte dir eine wichtige Botschaft mitgeben. Lass diese Worte aus der Tiefe deiner Weisheit aufsteigen und horche hin.

«Ich bin mehr als eine Hülle. Reduziere mich nicht auf das Menschsein. Spüre in dir, ganz tief in deinem Herzen die Quelle. Die Wahrheit. Ich bin Freiheit, ich bin Wahrheit, ich bin Liebe, ich bin Stärke und ich bin ein Wunder. Ich bin du und du hast alles in dir. Komm einfach nach Hause. Erinnere dich an das, was du bist.» Von Seele zu Seele verbunden – wir sind alle Eins.

DU BIST WAHRHEIT.

Wer bist du? Bist du eine Rolle, die du lebst? Als Angestellte(r), Partner(in), Liebhaber(in), Mutter/Vater, Tochter/Sohn. Ich frage dich nochmals «Wer bist du wirklich?» Wer bist du, wenn du dich lebst? Dich fühlst? Was ist verborgen in dir? Welche Geheimnisse versteckst du?

Zeige der Welt, wer du wirklich bist.
Nicht morgen oder übermorgen, sondern JETZT.

Du suchst nach deinem wahren Ich. Vielleicht suchst du Rat bei weisen Menschen. Du glaubst, dass sie dir das Geheimnis, von dem was du bist, lüften werden. Doch ich kenne dich. Ich weiß, wer du bist. Genauso, wie du weißt, wer du bist. Es ist nicht schwierig, doch du machst es dir oft viel zu schwer. Vielleicht lebst du dich nicht, weil du in eine Gesellschaft passen willst. Weil du gut ankommen möchtest. Weil du Erwartungen erfüllen willst. Das musstest du, als du ein Kind warst, gefangen in diesem kleinen Körper. Du warst ausgeliefert, neugierig und unschuldig. Dort haben deine Unwahrheiten angefangen. Dort hast du gelernt, was es heißt, dich anzupassen, um geliebt und akzeptiert zu werden.

Als Kind warst du wie ein kleiner Soldat, der Befehle ausgeführt hat. Du hast das erfüllt, was du musstest, um am Ende des Tages Liebe und Akzeptanz zu erfahren. Doch nun kannst du frei entscheiden und so sein, wie du bist.

Kommt es vor, dass du völlig übertrieben auf gewisse Situationen reagierst? Wieso ist dem so? Das Kind, das sich immer anpassen musste, lebt immer noch in dir. Es ist oft verunsichert und fühlt sich allein. Sobald sich eine ähnliche Situation zeigt, die dein inneres Kind an früher erinnert, macht es dich zu einem Ventil und löst eine bestimmte Reaktion in dir aus. Dies macht das Zusammenleben mit anderen schwierig und lässt deine Beziehungen scheitern. Du darfst dein inneres Kind heilen, indem du diese Reaktionen nicht mehr verurteilst. Du nimmst sie wahr als das, was sie sind. Fühle sie, doch verurteile dich nicht dafür. Lass nicht zu, dass andere dich verurteilen. Nimm dieses verletzte Kind in dir in den Arm. Gib ihm Sicherheit, Anerkennung und Liebe. All die Dinge, die es damals gebraucht hätte.

Du brauchst niemanden, um dir das beizubringen, weil du die Wahrheit in dir trägst und kennst. Du musst dich nur mit dem verbinden, was du wirklich bist. Hör auf dich zu verleugnen. Du hast deine Wahrheit in dir und musst sie nur leben. Das Universum offenbart sich, es öffnet Tore. Deine Verbindung zu allem Großen und Unsichtbaren ist da. Spüre diese Verbindung, denn sie zeigt dir die Wahrheit. Die Wahrheit, die du ohnehin bereits kennst. Leise flüstert sie dir aus der Ferne zu «Du hast die Wahrheit, von dem was du bist, in dir.»

Wahrheit ist Wahrheit und Wahrheit definierst du. Du bist frei zu entscheiden, was deine Wahrheit ist. Die Unwahrheit ist nur das Unechte, deine eigene verlorene Identität. Das Verleugnen von dem, was wir tief in uns wissen, ist die Unwahrheit.

Folge deinem Weckruf und lebe deine Wahrheit.

Eine wichtige Wahrheit ist dein innerer Impuls. Und zwar der erste, den du jeden Tag spürst. Egal was du tust, er ist immer da. Der spontane Impuls, den du spürst, wenn du jemand Neuen kennenlernst. Du weißt von der ersten Minute an, ob es passt oder nicht. Du überlegst hin und her, ob du das Jobangebot annehmen sollst, doch den ersten Impuls hattest du bereits beim Vorstellungsgespräch. Tief in dir weißt du bereits die Antwort. Du läufst in eine Wohnung, schaust dir noch ein andere an, um zu sehen, ob es etwas Besseres gibt. Doch du hattest bereits vom ersten Moment an dieses Gefühl. Du bist in diese eine Wohnung hineingelaufen und es hat sich richtig angefühlt. Kompromisslos und richtig.

Dieses intuitive Gefühl von Vollkommenheit ist die reine Wahrheit. Sie schwingt mit deiner Energie und es passt einfach.

Wenn du den leisesten Zweifel spürst, geh weiter. Geh keine Kompromisse ein.

Sei dir sicher, was du willst, und folge dieser Spur. Solange, bis du tief in dir spürst, das ist es!

Horche auf die Wahrheit in dir. Du schöne Seele. Entfalte dein Potenzial, indem du deine Wahrheit lebst. Dein Potenzial ist dein Potenzial. Werte nicht darüber und sei einfach du. Offenbare der Welt das, was du wirklich bist, denn die Welt wartet auf dich. Die Welt hat es verdient, deine Wahrheit zu kennen.

Willkommen im Leben. Ich freue mich auf dich. Auf dich habe ich gewartet. Endlich hast du erkannt, was du ohnehin bereits wusstest und in dir trägst. Du bist ein Geschenk für diese Welt. Endlich zeigst du deine Wahrheit. Danke, dass du das bist, was du bist.

DU BIST LIEBE

Du hast eine Quelle der Liebe in dir.

Du bist in dir zu Hause. Immer. Warum verlässt du dich immerzu?

Du wurdest mit dem Gefühl konditioniert, dass du etwas leisten musst, um geliebt zu werden. Dies entfernt dich von deiner inneren Quelle der Liebe in dir.

Dieser Irrtum über die Liebe hast du in dir tief verankert. Es löst in dir das Gefühl aus, immer etwas leisten zu müssen. Es fühlt sich ermüdend an, nicht wahr? Höre einfach auf damit. Es klingt simpel, doch du bist oft Sklave deiner eigenen Vorstellungen und Erwartungen. All dies sind negative Glaubenssätze, die du in dir am Leben erhältst. Du denkst immerzu so sein zu müssen, doch was ist, wenn ich dir sage «Du musst gar nichts. Du bist frei.»

Du sehnst dich danach geliebt zu werden und suchst ein Leben lang nach der wahren Liebe. Dabei hast du vergessen, dass du Liebe bist. Ich bin jetzt hier, um dich daran zu erinnern. Lege eine Hand auf dein Herz und spreche laut aus «Ich bin Liebe.»

Die Liebe ist warm, sie ist bedingungslos, sie ist echt.
Sie ist das, was du in dir trägst und bist.

Entferne dich nicht davon und bleibe mit dir in Kontakt. Du musst nichts leisten, denn du musst gar nichts. Atme ein. Lass los. Sei einfach.

Die Liebe fließt und sie ist nichts kompliziertes. Wir sind es, die sie zu einem komplizierten Ereignis machen. Doch lass die Einfachheit durch dich – und in dir – fließen.

Verletzungen und negative Erfahrungen verschließen dein Herz vor der wahren Liebe. Du baust eine Schutzwand auf, aus Angst, wieder verletzt zu werden. Doch dabei vergisst du, dass du das wohl schönste dabei verpasst. Du verpasst das Leben in vollkommener Liebe zu leben. Das wohl wertvollste und einzige, dass dich erfüllen wird. Das Einzige, dass dir ein Gefühl von Heimat und Geborgenheit geben wird.

Du suchst aber trotzdem nach der Liebe, in der Illusion, es außerhalb von dir zu finden. Du gehst mit einem Menschen eine Beziehung ein und bist enttäuscht, wenn du mit der Zeit feststellst, dass es zwischen euch nicht passt. Lerne zu unterscheiden zwischen der Liebe, die du fühlst und der Beziehung an sich. Eine Beziehung hat nichts mit Liebe zu tun. Manchmal liebt man einen Menschen und trotzdem passt es nicht, denn die Kompatibilität hat nichts mit Liebe zu tun.

Die Beziehung ist das, was du daraus machst.

Du erschaffst mit einem anderen Menschen eine Beziehung und als Basis dafür gelten deine eigenen Werte, Erwartungen und Vorstellungen. Die können mit dem Gegenüber passen oder nicht. Wenn du spürst, dass sie nicht übereinstimmen, wieso etwas erzwingen? Lass einfach los und geh deinen Weg weiter.

**Vertraue darauf, dass das Leben seinen
eigenen Plan hat und nach seinen eigenen Regeln lebt.**

Lasse los. Atme.

Zum Richtigen Zeitpunkt wird das Richtige kommen.

Du besuchst Seminare oder gehst zu einem Therapeuten, um zu lernen, dich selbst zu lieben. Doch was ist Selbstliebe? Du lehnst deinen Körper ab und redest in Gedanken permanent negativ über dich selbst. Du verurteilst dich und gehst mit dir selbst zu hart ins Gericht, wenn du deines Erachtens etwas Falsches getan hast. Du willst Selbstliebe lernen? Dann hör endlich mit all dem auf. Nur so kommst du zur wahren Selbstliebe. Klingt das für dich zu einfach? Tut mir leid dich enttäuschen zu müssen, aber ich habe hier nichts Schwieriges zu bieten.

Das Leben an sich ist einfach, daher suche nirgends nach deiner Selbstliebe. Beginne einfach damit, dir selbst dein bester Freund zu sein.

Erfreue dich an der Liebe deines besten Freundes, er wird immer gut zu dir sein und nach dir schauen. Ein echter Freund macht dich nicht fertig, denn er mag dich und er findet dich klasse, so wie du bist. Auch mit ein paar Pfund mehr auf den Rippen, was soll's? Ihm ist es egal, denn er liebt dich so, wie du bist. Merk dir das!

Willkommen im Leben. Ich bin da, um dir zu zeigen, was Liebe ist. Sie ist ein Zustand, den du immer in dir trägst. Trenne dich nicht davon und lasse all deine Irrtümer in Bezug auf die Liebe los. Die Liebe kann man immer auf das Wesentliche herunterbrechen und es ist ganz einfach.

Liebe ist frei. Liebe atmet.
Liebe lässt los. Liebe ist einfach.

Lasse die Liebe zu. Öffne dein wunderschönes Herz, du Seele. Lass die Liebe in dir frei und sich in dir entfalten.

DU BIST EIN WUNDER

Was ist ein Wunder? Oft erwarten wir etwas Großartiges, etwas das uns umhaut, um es als Wunder bezeichnen zu können. Doch in sich kann alles ein Wunder sein, es ist eine Frage der Betrachtungsweise und eine Frage unserer Bewertung. Doch im eigentlichen Sinn kann alles ein Wunder sein. Das Kleine wie das Große, alles ist ein Wunder.

Du hast zwei Beine, zwei Arme, einen Kopf, einen Körper. Du atmest, ohne darüber nachdenken zu müssen. Dein Herz schlägt, ohne dass du es daran erinnern musst.

Du bist ein Wunder!

Die Selbstverständlichkeit der Dinge nehmen wir einfach hin, doch wenn du nur mit einem Arm oder einem Bein geboren wurdest, wirst du wahrscheinlich jeden Menschen, der zwei Arme und zwei Beine hat, als Wunder bezeichnen. Daher wiederhole ich es.

Du bist ein Wunder!

Es gibt acht Milliarden Menschen auf diesem Planeten, doch dich gibt es nur einmal. Du bist einer dieser Menschen. Einzigartig und einmalig. Dich wird es so, wie es dich heute gibt, nie mehr geben.

Du bist ein Wunder!

Schaue dich um und erkenne in jedem Menschen, jedem Tier, jeder Pflanze, jedem Haus, jedem Auto, einfach allem, was dich umgibt, das Wunder.

Alles ist ein Wunder!

Wenn du deinem Herzen folgst und das tust, was dir deine Seele an Impulsen schickt, bist du im Flow. Im Flow sein bedeutet, dass Leben zu fühlen und zu leben, so wie es ist. Losgelöst von jeglichem Widerstand und der Vorstellung, wie etwas sein sollte. Das Leben so annehmen wie es ist. Im Flow sein bedeutet auch, sich selbst zu leben, wie man ist. Du bist dir selbst treu. Du lebst dich und das, was du bist.

Folglich wirst du ganz viele kleine und große Wunder in dein Leben ziehen.

Was meine ich damit? Das Universum arbeitet immer für dich, nie gegen dich. Wenn du durchs Leben fließt, kann dir das Universum immer wieder zum richtigen Zeitpunkt die Dinge mit auf den Weg geben, die du brauchst, um zu wachsen und um dein volles Potenzial zu leben. Kontrolle wird überflüssig und du lässt los.

Dein Leben wird sich so entfalten wie es sein muss, damit du dein volles Potenzial leben kannst.

Das ist Wunder. Das Wunder des Lebens.

Stehe jeden Morgen auf, bedanke dich für diesen wundervollen Tag und fühle deine Großartigkeit. Nicht die Großartigkeit deines Egos, welches gerne den Größenwahn lebt. Ich spreche hier von der Großartigkeit deiner Seele. Deiner Liebe. Deiner Wahrheit. Offenbare der Welt, wer du wirklich bist. Lass dein Licht strahlen. Berühre Menschen. Berühre Herzen. Aber vor allem und in erster Linie berühre dich. Hallo Welt, hallo Du, hallo du wunderschöne Seele. Danke, dass du da bist!

Willkommen im Leben. Ich bin da, um dir zu sagen, dass du, so wie du bist, ein Wunder bist. Die Dankbarkeit dessen, was du bist, durchströmt deine Seele. Endlich erkennst du deine Einzigartigkeit. Du bist ein wundervolles Wesen. Erinnere dich daran. Du hast es verdient geliebt zu werden, genauso wie du bist. Du hast es verdient frei zu sein. Du hast es verdient das zu leben, was du wahrhaftig bist. Ein Wunder.

Wir sind dem Ende unserer Reise angelangt. Es stimmt mich fast schon ein wenig melancholisch, da es mir sehr viel Spaß gemacht hat, mich mit dir zu unterhalten. Für mich ist es eine intensive Erfahrung, dir meine Erkenntnisse und Erfahrungen mitzuteilen. Ich hoffe von Herzen, dass ich dir mit meinen Ideen, Erfahrungen, Erkenntnissen, meinem Wissen und all meinen Sichtweisen helfen und dich unterstützen kann, deinem Leben eine neue Richtung zu geben.

Die Quintessenz aller Gedanken, die ich dir gezeigt habe, ist immer dieselbe:

Lerne das Leben zu lesen und erkenne die Zeichen. Die Einfachheit ist für mich das Rezept für ein glückliches und zufriedenes Leben. Löse deine Muster, Blockaden und Limitierungen auf, ich habe dir eine einfache Anleitung gegeben, wie du dies machen kannst. Befolge einfach meine Schritte und du wirst erkennen, wie einfach doch alles ist. Wenn du dein neues Mindset wirklich integrierst, wirst du spürbare Veränderungen erreichen.

Ich möchte zum Abschluss jedem Einzelnen danken! Letztlich gehört mein Dank allen Mädchen und Frauen dieser Welt. Ich lerne jeden Tag so viel von jeder Einzelnen von euch. Ihr seid alle eine große Inspiration für mein Leben.

Ich möchte euch dazu ermutigen, nie das Träumen zu verlernen und euch selbst treu zu bleiben. Jede einzelne Frau hat es verdient geliebt und geachtet zu werden, für das, was sie ist. Steht ein für eure Rechte und seid stark, einzigartig und unabhängig.

Ich würde mich sehr freuen, wenn ihr mir eure Geschichte, eure Erfahrungen und auch eure Eindrücke von dem Buch mitteilt. Wie ist es euch damit ergangen? Habt ihr euch auf den Weg gemacht? Habt ihr die Energien gespürt?

Ich freue mich auf deine Kontaktaufnahme.

Besuche mich auf meinem Instagram Profil
unter *@selbstliebe.labor* oder scanne dazu mit
deinem mobilen Gerät den folgenden QR-Code.

@SELBSTLIEBE.LABOR

Zusätzlich lade ich dich herzlich zu meiner **kostenlosen
Inspirationsgruppe unter Frauen** ein. Du wirst inspiriert von ganz
vielen großartigen Coaches und mir persönlich als Autorin zu den
Themen Selbstliebe und Co. Dort erhältst du ein ermächtigendes
Umfeld mit vielen wertvollen Tipps aus meinen Büchern und
natürlich auch von mir persönlich.

Melde dich gerne via Instagram oder
unter der nachstehenden E-Mail-Adresse bei mir:
katja.garcia@bluewin.ch

Gerne kannst du mir auch von deinen
Erfahrungen berichten, ich freue mich auf dich.

Bis bald! In Liebe, Deine
Katja Garcia

DANKSAGUNG

Meinen Kindern danke ich für ihre Unterstützung in den letzten Jahren. Ohne sie wären meine Bücher nie zustande gekommen. Ihr habt mir immer Mut gemacht, damit ich weiterschreibe und weiterhin an mich glaube. Eure Begeisterung und euren Stolz beim Lesen meiner Zeilen hat mich immer wieder zutiefst berührt. Ich staune jedes Mal aufs Neue, mit welcher Überzeugung ihr meine Manuskripte gelesen – und die Worte verstanden habt. Worte, die ich in eurem Alter vielleicht so nie verstanden hätte. Ich bewundere euer Feuer, eure Stärke, eure Einzigartigkeit – ich bin unheimlich stolz auf jeden Einzelnen von euch. Auch möchte ich es nicht versäumen meinen Sohn zu erwähnen. Du bist in meiner Widmung nicht erwähnt worden, weil ich dieses Mal ein Frauenbuch geschrieben habe. Doch möchte ich dir sagen, dass ich in dir genauso eine starke und unabhängige Persönlichkeit sehe. Du wirst die Frauenwelt auf deine Art genauso revolutionieren. Aufzuwachsen mit vier Geschwistern, die dich so sehr lieben, hat dich enorm geprägt. Wenn jemand Frauen versteht, dann bist du das. Du hast das Feuer genauso in dir. Ich danke dir für alles, was du auf deine Art zur Verwirklichung meines Traumes beigetragen hast. Du bist noch etwas jung, daher konntest du meine Manuskripte nicht lesen, doch das, was ich dir vorgelesen habe, hat dir immer sehr gefallen. Allein dein Lachen und deinen Stolz zu sehen, hat mir immer Mut gegeben, um an mich zu glauben.

Mein Dank gebührt auch meinem Ex-Mann, Vater meiner Kinder und besonderer Freund. Du hast mich in der Verwirklichung meiner Bücher immer unterstützt. Deine Liebe und Treue ist von unschätzbarem Wert. Dank dir konnte ich vieles lernen in den letzten Jahren. Du hast mich gelehrt, was es heißt, auch in schwierigen Zeiten durchzuhalten und den Glauben an das Gute nicht zu verlieren. Vor allem den Sinn der Familie zu erhalten. Wir haben vieles gemeinsam geschafft und es wäre ohne dich nicht möglich gewesen. Danke für alles, was du für mich und auch unsere Familie bist. Danke, dass es dich gibt!

Ganz besonderen Dank an meine erste Leserin aller meiner Lektüren, meine liebste Freundin und mein Soulmate. Tiefste Wertschätzung und Bewunderung hege ich für dich. Du bist immer für mich da. Du warst diejenige, die alle meine Manuskripte gelesen hat, mich angefeuert hat, sie zu publizieren. Deine Begeisterung war ansteckend und hat mir viel Mut gegeben. Du hast mich stets ermutigt an mich zu glauben und nicht aufzugeben. In meinen dunkelsten Stunden warst du an meiner Seite und wenn ich aufgeben wollte, hast du es nicht zugelassen. Dank dir bin ich heute da, wo ich bin. Vieles von dem, was ich heute schreibe, wäre nie zustande gekommen, wenn du nicht so sehr an mich geglaubt hättest und meinen Zweifeln Raum gegeben hättest. Du hast sie immer im Keim erstickt und mich aufgebaut. Danke für deine Unterstützung und Liebe, du bist einer meiner größten Inspirationen, meine Lehrerin und mein Vorbild.

Mein Dank geht auch an meine Familie, meine Mutter und meine Schwester. Auch ihr habt mich immer unterstützt und an mich geglaubt. Euer Stolz hat mich ermutigt an mich zu glauben und das zu verwirklichen, wovon ich bereits als kleines Mädchen geträumt habe. Nämlich Schriftstellerin zu werden! Ich möchte dieses Buch meinem verstorbenen Vater widmen. Er ist zwar nicht mehr unter uns, aber sein Geist lebt in mir weiter. Wäre er noch hier, weiß ich, würde er vor Stolz platzen. Er war ein begeisterter Leser und meine Bücher hätten auch ihn berührt. Ich vermisse ihn sehr. All das Wissen, die Erfahrungen und Erkenntnisse, die ich in meinem Leben gewonnen haben, wären ohne ihn nie entstanden. Daher danke Papa, du bist für immer in unseren Herzen und lebst in uns weiter.

Mein Dank gilt auch an eine besondere Freundin, die ich seit meiner Kindheit an meiner Seite habe. Wir sind seit über dreißig Jahren befreundet und obschon wir uns in komplett verschiedene Richtungen entwickelt haben, darf ich dank dir lernen, was es bedeutet, eine echte Freundschaft zu besitzen. Wir lieben uns auf einer Ebene, in der es eben nicht darauf ankommt, an was wir glauben oder nicht glauben. Wir sind immer füreinander da. Wir gehen gemeinsam durch dick und dünn, was so wertvoll ist. Du bist meine BFF.

Mein Dank gilt auch an zwei besondere Menschen in meinem Leben, die zwar noch nicht so lange mit mir unterwegs sind und trotzdem schon so viel bewegt haben. Ihr habt mich gelehrt, alle Seiten meines Wesens zu leben und zu akzeptieren, was ich heute bin. Ich habe dank euch so viele Entwicklungsschritte machen können, die heute für mein Leben von unschätzbarem Wert sind. Eure Unterstützung und Liebe ist wertvoll. Danke für alles, was ihr für mich und meine Familie tut.

Friedrich Nietzsche sagte einmal «Ein guter Schriftsteller hat nicht nur seinen eigenen Geist, sondern auch noch den Geist seiner Freunde». Dieses Buch verkörpert insbesondere den Geist aller meiner Freunde, die ich hier nicht einzeln erwähnen kann, weil es den Rahmen sprengen würde. Ich danke jedem von euch für das Angebot, mein Manuskript zu lesen. Die mich demnach unterstützt haben bei der Verwirklichung meines Traumes. Dank euch habe ich es geschafft und bin unheimlich stolz auf meine Bücher. Ihr wart auch immer für mich da, habt mich durch alle Höhen und Tiefen begleitet, ohne euch hätte ich das alles nicht geschafft.

Demütig bedanke ich mich bei all meinen Ärzten, Medien, Kartenlegerinnen, Coaches, Psychologen und sonstigen Heilern, die mir in den letzten Jahren begegnet sind. Ohne euch wäre ich nicht da, wo ich bin. Ihr habt mich alle viel gelehrt und seid immer zum richtigen Zeitpunkt in mein Leben gekommen. Wenn die Zeit reif dafür war, seid ihr auch wieder gegangen. In Frieden und in Liebe. Eure Spuren sind in meinem Herzen verankert und dafür danke ich euch.

Ich möchte mich an dieser Stelle auch bei allen großartigen Menschen, die ich in den letzten Jahren in irgendeiner Form begleiten durfte, bedanken. Danke für euer Vertrauen in mich und den Glauben, den ihr mir schenkt. Ich habe immer mit meiner besten Intention und Absicht versucht für euch da zu sein und euch dabei zu helfen, euren Weg zu finden. Ich erfreue mich über jeden Einzelnen, der heute in seiner wahren Größe strahlt.

Sei die beste Version deines Selbst! Im Herzen verbunden, ihr seid alle ein Wunder.

HAFTUNGSAUSSCHLUSS

Die Benutzung dieses Buches und die Umsetzung der darin enthaltenen Informationen erfolgt ausdrücklich auf eigenes Risiko. Der Autor kann für etwaige Unfälle und Schäden jeder Art, die sich beim Besuch der in diesem Buch aufgeführten Orten ergeben (z.b. aufgrund fehlender Sicherheitshinweise), aus keinem Rechtsgrund eine Haftung übernehmen. Haftungsansprüche gegen den Autor für Schäden materieller oder ideeller Art, die durch die Nutzung oder Nichtnutzung der Informationen bzw. durch die Nutzung fehlerhafter und/oder unvollständiger Informationen verursacht wurden, sind grundsätzlich ausgeschlossen. Rechts- und Schaden- ersatzansprüche sind daher ausgeschlossen. Das Werk inklusive aller Inhalte wurde unter größter Sorgfalt erarbeitet. Der Autor übernimmt jedoch keine Haftung für die Aktualität, Korrektheit, Vollständigkeit und Qualität der bereitgestellten Informationen. Druckfehler und Falschinformationen können nicht vollständig ausgeschlossen werden. Für die Inhalte von den in diesem Buch abgedruckten Internetseiten sind ausschließlich die Betreiber der jeweiligen Internetseiten verantwortlich. Der Autor hat keinen Einfluss auf Gestaltung und Inhalte fremder Internetseiten. Der Autor distanziert sich daher von allen fremden Inhalten. Zum Zeitpunkt der Verwendung waren keinerlei illegalen Inhalte auf den Webseiten vorhanden.

HINWEIS

Die Erstellung dieses Ratgebers mit seinen Inhalten ist ein Herzensprojekt. Ich habe viel Zeit & Liebe hineingesteckt und möchte mich nochmals herzlich bei dir für deine Unterstützung bedanken!

Solltest du allgemeines Feedback, Fragen, Anregungen oder Kritik haben, freue ich mich jederzeit sehr auf eine Mail von dir!